Meike Oppermann

Zu Fuß durch BRÜSSEL

12 Spaziergänge

D

Die Gesichter *der* STADT

RESTO
Bijoux
24
vintage design

Liebe Stadtverliebte,

Brüssel überrascht mit einem **Kaleidoskop** aus Geschichte und Zukunft, Kunst, Kultur sowie kulinarischen Genüssen.

Die historische Altstadt mit der imposanten Grand-Place und dem berühmten Manneken Pis oder das einzigartige Viertel Marolles mit seinem traditionellen Flohmarkt erzählen von vergangenen Zeiten. Bei einem Streifzug auf den Spuren der Belgischen Revolution offenbart sich die Geschichte dieser **jungen und rebellischen Nation,** rund um den Königspalast haben die Könige der Belgier ihre Fußabdrücke hinterlassen und im Europaviertel gibt die Politik den Takt vor. Aus einer einst geschäftigen Börse mit vierspuriger Straße vor der Tür ist heute eine Oase der Bierkultur, der Stadtgeschichte und eine **grüne Fußgängerzone** zum Flanieren geworden, die das Herz der Stadt mit Leben erfüllt, während sich umliegende Arbeitersiedlungen und Industriegebiete in pulsierende Szeneviertel verwandeln.

Bei unseren Spaziergängen zwischen Jugendstil und Comicwänden entdecken wir die **außergewöhnliche Vielseitigkeit** Brüssels.

Ihre Meike Oppermann

1

Start: Ecke Rue Royale/Rue de Louvain, 1000 Brüssel
Ziel: Galeries Royales Saint-Hubert, Galerie du Roi 5, 1000 Brüssel
Länge: ca. 4 Kilometer
Dauer: ca. 2 Stunden
ÖPNV: Haltestelle Parc; am Ziel: Haltestelle Parc oder De Brouckère
Parken: Parking Indigo Brussel Royal, Rue de Ligne 25, 1000 Brüssel (Ausgang über Motel One)

UNTERWEGS ENTDECKT

1. Saints-Michel-et-Gudule
2. Galeries Royales Saint-Hubert
3. Place Agora
4. Grand-Place
5. Saint-Nicolas
6. Bruxella 1238 (archäologisches Museum)
7. Belgian Beer World
8. Boulevard Anspach
9. BD Broussaille
10. Manneken Pis (Brunnenfigur)
11. GardeRobe Manneken Pis
12. Toone (Puppentheater)
13. Rue des Bouchers

ESSEN + TRINKEN

A l'Imaige Nostre-Dame, Impasse Cadeaux, Rue du Marché aux Herbes 8, 1000 Brüssel (versteckte rustikale Kneipe, perfekt für eine kleine Bierverkostung; keine Reservierung möglich)
À la Bécasse, Rue de Tabora 11, 1000 Brüssel, Tel. +32 (2) 5 11 00 06, alabecasse.com (traditionelle rustikale Kneipe, kleine Speisen und Bier aus Krügen)
Le Cirio, Rue de la Bourse 18, 1000 Brüssel, Tel. +32 (2) 5 12 13 95, lecirio.be (traditionelle belgische Brasserie im Jugendstil)

DURCH DIE ALTSTADT

Historische Gassen und Hinterhöfe

Das Herz von Brüssel ist die Altstadt. Rund um die berühmte Grand-Place winden sich die kleinen kopfsteingepflasterten Gassen mit ihren vielen Geschichten, beeindruckende historische Bauwerke und versteckte Hinterhöfe. Der Charme dieses besonderen Viertels wird ergänzt durch zahllose Restaurants, Brasserien und Waffelbuden, die unsere Route zu einem Schlemmerparadies für hungrige Spaziergänger machen. Auch Bierliebhaber kommen bei der riesigen Auswahl belgischer Biere voll auf ihre Kosten.

Wir starten bei der Statue des **Generals Henri Alexis Brialmont,** einem belgischen Militärschriftsteller, an der Ecke Rue Royale und Rue de Louvain. An diesem charmanten kleinen Platz wird der Kontrast des historischen Brüssels zur modernen Hauptstadt Europas mit den Hochhäusern im Hintergrund besonders deutlich. Zunächst spazieren wir in die Straße gegenüber vom General, wo uns schon von Weitem der Casanova und furchtlose Held Armando Catalano, bekannt als Der Skorpion, begrüßt. Etwa 50 dieser Comicwandbilder verteilen sich über das ganze Brüsseler Stadtgebiet, es lohnt sich also, unterwegs die Augen offenzuhalten und sich ab und zu umzudrehen.

Saints-Michel-et-Gudule

Hinter dem Skorpion erreichen wir nach wenigen Metern auch schon die Kathedrale 1 **Saints-Michel-et-Gudule,** die Hauptkirche Brüssels. Wir umrunden die Kirche linksherum und grüßen an der Seite kurz **Désiré-Joseph Mercier,** den Geistlichen, Kardinal und Philosophen, der sich während des Ersten Weltkriegs energisch für den Schutz der belgischen Bevölkerung einsetzte.

Galeries Royales Saint-Hubert

Hinter dem Kardinal folgen wir dem Aufgang bis zum Haupteingang der Kathedrale und gönnen uns einen Blick in das Innere. Gleich vorne links im Hauptschiff gelangt man durch ein Drehkreuz für 1 Euro nach unten, wo die Grundmauern der früheren Taufkirche zu besichtigen sind. Für die ursprünglich romanische Taufkirche Saint-Michel wurde der Grundstein schon im 9. Jahrhundert zu Ehren des heiligen Michael gelegt, der als Schutzpatron der Stadt Brüssel gilt. Etwa 200 Jahre später wurden die Reliquien der Märtyrerin Gudula nach Brüssel gebracht, die seitdem als zweite Schutzpatronin angesehen wird. Die heutige Kathedrale, vom 13. bis zum 15. Jahrhundert erbaut, gilt als eines der schönsten erhaltenen Beispiele für den Brabanter Gotikstil.

Weiter geht es, wir lassen die Kathedrale hinter uns, durchqueren den kleinen Park, wechseln an der Ampel die Straßenseite und schlendern in die **Rue d'Arenberg.** An der nächsten Kreuzung schauen wir kurz nach rechts in die Straße hinein, wo mit der 1928 eröffneten Brasserie **Á la Mort Subite** ein Stück traditionelle Brüsseler Bierkultur auf hungrige und durstige Gäste wartet. Wir aber spazieren links in die historischen 2 **Galeries Royales Saint-Hubert.** Die beiden zusammenhängenden glamourösen Passagen wurden 1847 von König Leopold I. eröffnet und waren die ersten ihrer Art in Europa. Der sogenannte „Regenschirm von Brüssel" war im 19. Jahrhundert der angesagteste Ort der Stadt. Nicht nur, um mit viel Stil zu shoppen, sondern auch für kulturelle Veranstaltungen, wie zum Beispiel Lesungen von Alexandre Dumas oder Victor Hugo.

Auf halber Strecke werden die Galerie du Roi und die Galerie de la Reine von der Rue de Bouchers durchkreuzt, wo wir das Restaurant **Le Marmiton** entdecken, in dem wir uns modern interpretierte belgische Speisen in leicht gehobenem Ambiente schmecken lassen können. Auf unserem restlichen Weg durch die beiden Galerien hindurch erwarten

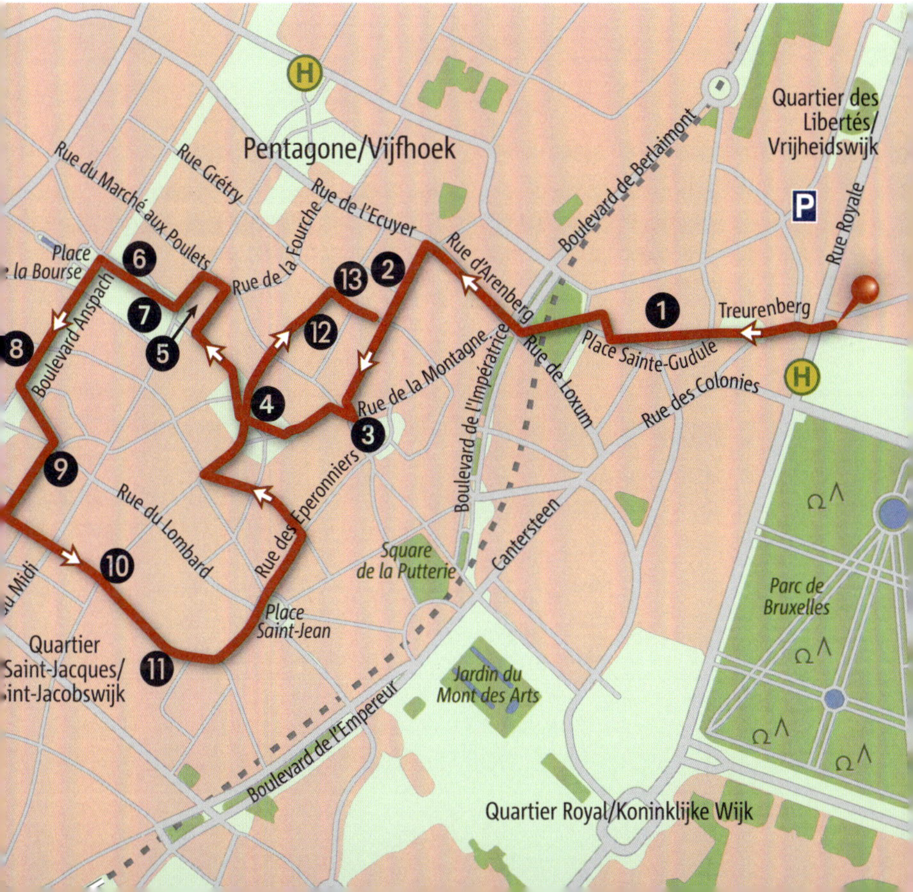

1 DURCH DIE ALTSTADT

Place Agora mit Charles Buls

Brüsseler Rathaus

uns Schokolade, Waffeln, Kaffeespezialitäten und traditionelle Köstlichkeiten. Wir bekommen hier aber auch eine neue Rolex, ein Designersofa oder einen eleganten Hut bei Monsel.

Mit vielen Eindrücken verlassen wir die Galerie an der 3 **Place Agora** und drehen eine kleine Runde links über den Platz, in dessen Mitte **Charles Buls** mit seinem Hund am Brunnen im Schatten der Bäume sitzt. Von 1881 bis 1899 setzte er sich als Bürgermeister von Brüssel stark für die Gleichberechtigung der niederländischen Sprache ein und ist damit hauptverantwortlich für die Zweisprachigkeit Brüssels. Wir gehen ein Stück zurück in die Richtung, in die Charles Buls schaut, und links durch die Rue de Colline zur 4 **Grand-Place.** Seit 1998 gehört der Grote Markt, wie er dank Charles Buls auch genannt wird, zum UNESCO-Weltkulturerbe, und das völlig zu Recht. Die prachtvollen Gebäude im gotischen und barocken Stil bieten einen fantastischen Rundumblick.

Das Glanzstück und höchste Gebäude des Platzes ist das gotische **Rathaus** mit dem Belfried aus dem 15. Jahrhundert. Genau gegenüber steht die imposante Maison du Roi, die das **Brüsseler Stadtmuseum** beherbergt. Diese beiden Bauten waren die einzigen an der Grand-Place, die den französischen Angriff im Jahr 1695 überstanden. Alle heutigen Gebäude rundherum, die dieses ungewöhnlich einheitliche Bild verantworten, entstanden ab 1697 im italienischen Barockstil mit flämischen Einflüssen. Sie wurden zum Teil als Privathäuser errichtet, meist jedoch als Zunfthäuser für Bäcker, Metzger, Flussschiffer, Krämer, Gerber, Müller, Steinmetze, Zimmerer, Maurer oder Schneider. Öffentlich zugänglich sind leider nur sehr wenige der Gebäude, das Stadtmuseum in der Maison du Roi ist aber auf jeden Fall einen Besuch wert und auch das Rathaus kann im Rahmen einer geführten Tour kostenpflichtig besichtigt werden. Allerdings kann man völlig gratis in den Innenhof hineinmarschieren, sofern nicht gerade eine Hochzeit oder Ähnliches stattfindet.

Beeindruckt gehen wir einmal über den ganzen Platz, zwischen Maison du Roi und Rathaus hindurch. In der rechten Ecke zwischen den Restaurants beginnt nun die **Rue au Beurre** (Butterstraße), der wir bis zur Kirche 5 **Saint-Nicolas** folgen. Der spätgotische Bau aus dem 14. Jahrhundert wurde ebenfalls 1695 nahezu zerstört, danach jedoch wieder aufgebaut. Weil die Brüsseler Altstadt schon zum Ende des 17. Jahrhunderts sehr eng bebaut war, wurden kurzerhand Wohnhäuser direkt an der Außenwand der Kirche errichtet.

Wir drehen eine Runde um die Kirche, zunächst entlang der Wohnhäuser, und entdecken hinter der nächsten Ecke zwei schmale Durchgänge namens Impasse Cadeaux und Impasse Saint-Nicolas, die beide zur ausgesprochen urigen Bar **A l'Imaige Nostre Dame** führen. Die versteckte Perle der Brüsseler Kneipenszene ist der ideale Ort für eine Bierverkostung bei einer Käseplatte. Wenn wir weiter um die Kirche herumspazieren, treffen wir an der Ecke auf die

BRÜSSEL IM MITTELALTER

Ab dem 12. Jahrhundert entwickelte sich die heutige Grand-Place immer mehr zum zentralen Marktplatz der Stadt Brüssel. In den Straßen rundherum waren die Händler ansässig, was man bis heute an den Straßennamen erkennt. Man flaniert in der Brüsseler Altstadt über die Pfefferstraße, die Butterstraße, die Käsestraße, die Straße des Kräutermarkts oder die Straße der Metzger. Selbst der niederländische Name der Maison du Roi zeugt davon: Broodhuis, das Brothaus.

Bar A l'Imaige Nostre Dame

Friterie Tabora, wo man den kleinen Hunger hervorragend mit exzellenten belgischen Pommes stillen kann. Fast genau gegenüber versteckt sich der Eingang zu unserem Restauranttipp **Á la Becasse** (Zur Waldschnepfe), wo man bei Brotzeittellern das Bier noch traditionell in Krügen serviert bekommt.

Haben wir das Portal der Kirche erreicht, sind wir auch schon am Hintereingang der Börse angekommen. Wir schlendern rechts an der Börse entlang und entdecken bald das Café **Le Cirio,** eine echte Institution in Brüssel seit 1886. Jugendstilfreunde sollten sich einen Abstecher in das Traditionscafé nicht entgehen lassen, am besten bei einem Half-en-half: einem Glas mit halb Sekt und halb Wein. Im Cirio wird Half-en-half nämlich noch stilvoll direkt am Tisch „zubereitet". Auch die köstliche belgische Spezialität Moules Frites, Miesmuscheln in Gemüsesud mit Pommes, steht auf der Karte.

Vor dem Eingang des Cirio können wir einen Blick in das über die Börse zugängliche unterirdische archäologische Museum 6 **Bruxella 1238** werfen, wo die Grundmauern eines längst vergangenen Brüssels freigelegt wurden. In der prunkvollen, von 1868 bis 1873 von Architekt Léon-Pierre

Brüsseler Börse

Belgian Beer World

Dachterrasse

Suys errichteten Börse finden mittlerweile keine Börsentätigkeiten mehr statt. Die Brüsseler Börse, die heute zum Zusammenschluss EURONEXT gehört, ist 2015 aus dem Gebäude ausgezogen. Seit 2023 hat in dem besonderen Bauwerk nicht nur das Museum Bruxella 1238 sein Zuhause, sondern auch die 7 **Belgian Beer World.** Etwa 200 Brauereien präsentieren ihre Werke und wie sie entstehen. Ein besonderes Schmankerl ist die Dachterrasse, die einen fantastischen Blick auf die Altstadt bietet. Aber auch wenn man weder Bruxella 1238 noch die Belgian Beer World besuchen möchte, lohnt sich ein Blick in den bezaubernden Eingangsbereich der Börse mit dem kleinen Café.

Vor dem Haupteingang der **Börse** finden wir uns auf dem 8 **Boulevard Anspach** wieder, einer der Brüsseler Shoppingmeilen. Es scheint nahezu unglaublich, dass sich bis vor nicht allzu langer Zeit täglich Tausende Autos über den Boulevard schoben. Erst seit 2015 ist der immer grüner werdende Boulevard eine Fußgängerzone. Mit der Börse im Rücken folgen wir dem Boulevard Anspach ein Stück nach links und biegen bei der zweiten Möglichkeit links in die Gasse namens **Plattesteen** ab, der wir bis zur nächsten Kreuzung folgen. Ein Blick in die Straße namens **Kolenmarkt** links von uns fällt auf das Wandbild von 9 **Broussaille,** der mit seiner Freundin einen Spaziergang durch die Stadt macht. Das Bild stammt aus der Feder des belgischen Zeichners Frank Pé und war 1991 das erste seiner Art in Brüssel.

Boulevard Anspach

In der Straße genau gegenüber erwartet uns mit **Victor Sackville** direkt das nächste Wandbild. Victor ist britischer Spion und reist im Auftrag der Königin um die Welt. In einem Comic des Zeichners Francis Carin landet Victor im Zweiten Weltkrieg in Brüssel. In genau diese Straße gehen wir auch

Manneken Pis

hinein, vorbei an Victor mit seiner offensichtlich erschrockenen Freundin. Wir folgen dem Weg um die Kurve in die **Rue des Grands Carmes.** Nach einer Querstraße treffen wir linker Hand auf den nächsten Hinterhof. Seit 2023 bietet sich das **Grands Carmes,** das sich speziell für die LGBTQIA*-Szene einsetzt, als hervorragende Option für eine Pause bei einem leckeren Manneken Pils an. Nach einer kurzen Weile auf der Rue des Grands Carmes erwartet uns wahrscheinlich ein ziemlicher Menschenauflauf, denn hier steht der berühmte kleine Belgier.

Was in Rom der Trevi-Brunnen ist, ist in Brüssel ein 61 Zentimeter kleiner, urinierender Bub namens **10 Manneken Pis.** Woher der Künstler Jérôme Duquesnoy 1619 die Inspiration für diese Figur nahm, weiß leider niemand. Dennoch, oder womöglich gerade deshalb, hat es die kleine Statue zu einer nahezu irrwitzigen Berühmtheit gebracht. Im Laufe der Jahrhunderte nahm das Manneken Pis verschiedene Rollen ein, und seit ein paar Jahrzehnten bekommt es auch zu besonderen Gelegenheiten immer wieder wechselnde Kostüme verpasst. Weiter geradeaus durch die **Rue du Chêne** erreichen wir schnell das Museum **11 GardeRobe Manneken Pis,** wo die vielen Kostüme, die der kleine Belgier immer wieder tragen darf, sorgsam archiviert und ausgestellt werden.

Diese Straße spazieren wir noch ein Stück weiter hinauf bis zur Place de la Vieille Halle aux Blés, wo uns der große belgische Chansonnier **Jacques Brel** begrüßt, in Bronze gegossen vom Künstler Tom Frantzen. Wir halten uns links und gehen weiter zur **Place Saint-Jean** und geradeaus runter in die malerische **Rue des Eperonniers.** Jetzt sind wir wieder mitten im charmanten Trubel der Gassen der Altstadt mit ihren vielen Cafés und Restaurants, und wenn wir nach wenigen Metern links in die **Rue du Marché aux Fromages** (Käsestraße) einbiegen, fühlen wir uns fast wie in Griechenland. Freunde der griechischen Küche werden in Lokalen mit Namen wie Plaka, Santorini, Mykonos oder Hellas ganz sicher fündig. Für uns geht es aber weiter geradeaus durch die **Rue des Brasseurs** (Straße der Bierbrauer) bis zur nächsten Kreuzung. Und weil man in Brüssel unbedingt eine Waffel essen muss, bietet sich hier ein Stopp in der **Maison Dandoy** an.

GardeRobe Manneken Pis

Bei der Maison Dandoy biegen wir rechts ab und durch die Rue Charles Buls machen wir uns auf den Weg zurück zur **Grand-Place,** überqueren den Platz und gehen links vom Stadtmuseum in die kleine Gasse namens **Rue Chair et Pain** (Fleisch und Brot). Nachdem wir die **Rue du Marché aux Herbes** (Kräutermarkt) gekreuzt haben, müssen wir die Augen gut offenhalten. Hinter einem schmalen Durchgang versteckt sich nämlich rechts seit 1830 das Puppentheater ⑫ **Toone,** zu dem auch ein besonders knuffiges Café mit Hinterhofterrasse gehört. Selbst wenn man kein Interesse am Puppentheater hat, sollte man allein schon wegen des Flairs reingehen und sich ein Getränk gönnen.

Chansonnier Jacques Brel

Wenige Meter weiter treffen wir wieder auf die ⑬ **Rue des Bouchers,** die wir bereits zu Beginn unseres Spaziergangs gekreuzt haben, als wir durch die Galeries Royales Saint-Hubert gegangen sind. In der Metzgerstraße waren früher selbstverständlich vor allem Metzger ansässig, heute erwartet uns hier ein Restaurant neben dem anderen. Auch die weiteren kleinen Gassen rundherum sind tagsüber sehr malerisch, immerhin gehören sie zur Îlot Sacré – der heiligen Insel–, in der nichts verändert werden darf, vergleichbar mit dem deutschen Denkmalschutz.

In der Rue des Bouchers wenden wir uns nach rechts und spazieren zurück zu den **Galeries Royales Saint-Hubert,** wo unser Spaziergang durch das verwinkelte historische Zentrum von Brüssel nun endet. Durch die Galerie nach rechts geht es zurück zur Grand-Place und nach links zur Kathedrale **Saints-Michel-et-Gudule,** hinter welcher der Startpunkt unseres Spaziergangs liegt. Wer direkt noch mehr Brüssel entdecken möchte, geht am besten nach links in die Galerie und dann noch einmal links bis zur Place de Brouckère, in dessen Umgebung gleich drei weitere Spaziergänge starten.

Puppentheater Toone

2

Start: Metrostation Parc, 1000 Brüssel
Ziel: Mont des Arts, 1000 Brüssel
Länge: ca. 3,5 Kilometer
Dauer: ca. 2 Stunden
ÖPNV: Haltestelle Parc; am Ziel: Haltestelle Parc oder Gare Centrale
Parken: Parking Indigo Brussel Royal, Rue de Ligne 25, 1000 Brüssel (Ausgang über Motel One)

UNTERWEGS ENTDECKT

1. Parc de Bruxelles (Warandepark)
2. Palais du Coudenberg & BELvue
3. Palais Royal
4. Square du Petit Sablon
5. Parc d'Egmont
6. Boulevard de Waterloo
7. Palais de Justice
8. Notre-Dame des Victoires au Sablon
9. Place Royale
10. Saint-Jacques-sur-Coudenberg
11. Mont des Arts
12. Reiterstatue König Albert I.

ESSEN + TRINKEN

Woodpecker Parc Royal, Place des Palais 5, 1000 Brüssel, woodpecker.family (Bistro im Stil eines Biergartens, idyllisch im Park gelegen)
La Fabrique en Ville, Boulevard de Waterloo 44, 1000 Brüssel, Tel. +32 (2) 5 13 99 48, lafabriqueresto.be (Frühstück, Brunch und Mittagessen im Parc d'Egmont; Onlinereservierung empfohlen)
Le Perroquet, Rue Watteeu 31, 1000 Brüssel, Tel. +32 (2) 5 12 99 22 (Der Papagei, charmantes Jugendstilbistro mit Pitas und anderen Kleinigkeiten)

ROYAL & MONT DES ARTS

Die Könige der Belgier

Belgien ist eine sehr junge Monarchie. Im Jahr 2030 feiert sie ihren 200. Geburtstag. Nach der Revolution 1830 wurde Belgien zu einer konstitutionellen Monarchie, die seither von sieben Königen vertreten wurde. Bei unserem Spaziergang folgen wir diesen sieben Königen und werfen einen Blick auf die belgische Monarchie, ihre Entstehung, Geschichte und Zukunft.

Wir starten an der Metrostation Parc, gehen aber nicht direkt in den Park hinein, sondern zunächst ein kurzes Stück an diesem entlang durch die **Rue de la Loi.** Auf der linken Seite entdecken wir schnell den **Palais de la Nation,** in dem am 4. Oktober 1830 die belgische Unabhängigkeit erklärt wurde, womit der Grundstein für das heutige Königreich Belgien gelegt war. Seit der Krönung des ersten belgischen Königs im Jahr 1831 dient der Palast der Nation als Sitz des belgischen Parlaments. Sowohl die Abgeordnetenkammer als auch der föderale Senat tagen hier.

Im Palast der Nation legte der heutige König Philippe 2013 seinen Eid ab. Er ist nach einer Schonzeit von 20 Jahren der siebte König der Belgier und spricht selbstverständlich alle drei Amtssprachen: Französisch, Niederländisch und Deutsch. Zusammen mit seiner Frau Mathilde repräsentiert er die belgische konstitutionelle Monarchie, wonach der König vorwiegend formelle und zeremonielle Aufgaben hat, wie Gesetzesunterzeichnungen, Staatsbesuche oder politische Konsultationen. Die Mitglieder der belgischen Königsfamilie führen heute zwar ein öffentliches, aber dennoch relativ normales Leben. Es ist keinesfalls zu vergleichen mit dem abgeschotteten Leben, das beispielsweise die Mitglieder des britischen Königshauses führen. Dazu passt, dass Philippe nicht als König von Belgien, sondern als König der Belgier bezeichnet wird.

Genau gegenüber betreten wir den malerischen 1 **Parc de Bruxelles,** auch als Warandepark bekannt. Wo sich heu-

Parc de Bruxelles

te bei schönem Wetter Jogger und Spaziergänger gleichermaßen die Zeit vertreiben, fanden im Jahr 1830 bedeutende Straßenschlachten der Revolution statt. Wir passieren den Brunnen und gehen auf dem schnurgeraden Weg halb rechts. Auf unserem Spaziergang durch die 30 Hektar große Grünfläche mitten in der Stadt halten wir nach rechts und links die Augen offen, hier begegnen uns verschiedene Statuen und manchmal auch besondere Ausstellungen. Im Sommer laden etwas links von uns gerne mal das **Kiosk Radio** mit Livemusik und der Biergarten **Woodpecker Parc Royal** zum Verweilen ein.

An der südwestlichen Ecke verlassen wir den Park und stehen direkt vor den ersten Teilen des königlichen Palastes. Hier finden wir zwei spannende Museen, die sich geschichtsinteressierte Spaziergänger keinesfalls entgehen lassen sollten. Im archäologischen Museum **2** **Palais du Coudenberg** im unterirdischen Teil des Gebäudes sind ganze Straßenzüge aus lange vergangenen Tagen erhalten und die Gemäuer des 1731 abgebrannten Coudenbergpalasts verraten dem Besucher viele Begebenheiten. Im oberen Teil erzählt das Museum **BELvue** überaus anschaulich vor allem die noch sehr junge Historie Belgiens seit 1830 und gibt Antworten auf viele Fragen zu Flamen, Wallonen sowie der Dreisprachigkeit des Lands.

BELvue

Wir wenden uns nach links und gehen vor dem weitläufigen 3 **Palais Royal** entlang, dessen Haupteingang wir nun passieren. Schon seit der Zeit des ersten Königs Leopold I. dient das Schloss als repräsentative Residenz für Empfänge und besondere Veranstaltungen. Im Sommer öffnet der Königspalast seine Tore ein paar Wochen für interessierte Besucher. Die Gelegen-

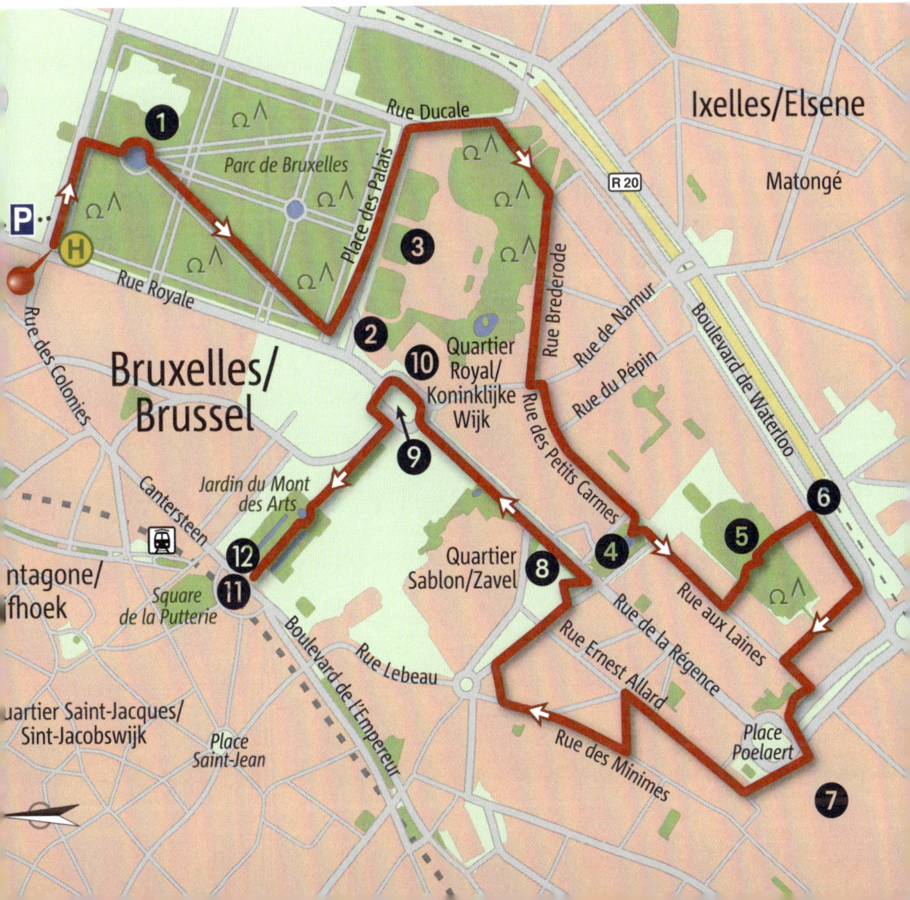

heit, die imposanten Dienstzimmer, den pompösen Spiegelsaal und die Prunksalons zu erkunden, sollte man sich keinesfalls entgehen lassen.

Hinter dem Palais Royal biegen wir direkt rechts ab. Schon an der kommenden Ecke fällt unser Blick auf die **Reiterstatue von Leopold II.,** dem zweiten belgischen König. Leopold I. starb 1865 und sein Sohn, Leopold II., übernahm den Thron. Er war ein kontroverser Monarch, dessen Herrschaft von seinen umstrittenen kolonialen Bestrebungen im Kongo geprägt war. Unter seiner Regierung erwarb Belgien den Kongo als Privatbesitz des Königs, was zu einer brutalen Kolonialherrschaft und schweren Menschenrechtsverletzungen führte. Trotz seiner Rolle als Förderer von Kunst, Kultur und Architektur in Belgien bleibt sein Erbe von den dunklen Kapiteln der Kolonialgeschichte überschattet.

Wir gehen hinter Leopold II. noch ein Stück weiter an der königlichen Gartenmauer entlang und biegen nach rechts ab in die Rue Brederode, der wir bis zu ihrem Ende folgen. Dann wenden wir uns nach links und sofort rechts in die Rue des Petits Carmes. Schnell entdecken wir auf der linken Seite die griechische Botschaft, gleich danach

Königspalast

STELLENANZEIGE: KÖNIG

Als Belgien 1830 ein souveräner Staat wurde, war kurz eine Republik im Gespräch. Das war dann aber doch zu viel der Revolution, ein Staat ohne König schien damals nicht wirklich eine Option zu sein. Nun hatten die Belgier jedoch keine Königsfamilie. Kurzerhand wurde ein Anforderungsprofil erstellt, im Großen und Ganzen einer heutigen Stellenausschreibung gar nicht unähnlich.

Anforderungsprofil:

- **Europäischer Adel**
- **Gut vernetzt**
- **Vertraut mit demokratischen Gepflogenheiten**

Schnell fiel die Wahl auf Prinz Leopold Georg Christian Friedrich von Sachsen-Coburg-Saalfeld. Der Deutsche hatte ein paar Jahre zuvor die Prinzessin von Wales geheiratet, die jedoch sehr früh verstarb. Auch für den griechischen Thron war er im Gespräch, welcher aber dann von Prinz Otto von Bayern besetzt wurde. Kurz nach seiner Krönung heiratete Leopold Prinzessin Louise von Orléans, die Tochter von König Louis-Philippe I. von Frankreich. Mit diesen Vernetzungen war er sogar fast überqualifiziert.

rechts das belgische Außenministerium. Nur wenige Meter später erreichen wir die historische **Prinz-Albert-Kaserne,** womit wir auch schon beim dritten belgischen König angekommen sind. Albert I. wurde unerwartet König von Belgien, da er durch den frühen Tod seiner Verwandten, darunter sein Vater und sein älterer Bruder, an die Spitze der Thronfolge rückte. Obwohl er nur eine kurze Vorbereitungszeit hatte, zeigte er sich als engagierter Monarch, der sich für Reformen wie das allgemeine Wahlrecht einsetzte und die Wissenschaft sowie kulturelle Institutionen förderte. Für seine Tapferkeit und Entschlossenheit im Ersten Weltkrieg wird er bis heute verehrt und sein Einsatz für Land und Volk während der turbulenten Zeit des Kriegs machte ihn zu einer respektierten und geliebten Figur in Belgien und darüber hinaus.

Weiter die Rue des Petits Carmes entlang, erreichen wir auf der rechten Seite den kleinen Park 4 **Square du**

Petit Sablon, an dessen Rand die zwölf Kollegien in Form von Bronzestatuen jeweils eine Zunft oder ein Handwerk repräsentieren und eine Hommage an die Handwerkszünfte des 17. Jahrhunderts darstellen. Gegenüber stiehlt der mondäne **Palais d'Egmont** dem charmanten Park beinahe die Show. Der Palast aus dem 16. Jahrhundert diente zunächst als bescheidenes Domizil für die Familie Egmont, ist jedoch heutzutage im Besitz der belgischen Regierung und Veranstaltungsort für offizielle Empfänge oder diplomatische Treffen. Auch das Königshaus nutzt den Palais d'Egmont gerne für Begegnungen mit ausländischen Staatsoberhäuptern.

Peter Pan

Wir folgen der Straße weiter, bis wir links das Tor zum **5** **Parc d'Egmont** entdecken. Nachdem wir dieses passiert und die Stufen erklommen haben, erblicken wir auf unserer rechten Seite **Peter Pan.** Die Replikstatue, ein Geschenk des renommierten Bildhauers George Frampton, erstrahlt hier als zarte Kopie des Originals aus den Kensington Gardens in London. Der Park wurde im 18. Jahrhundert als Garten für den Egmont-Palast auf unserer linken Seite angelegt, ging aber im Jahr 1918 in den Besitz der Stadt Brüssel über und ist seitdem öffentlich zugänglich. Nur 2 Jahre später wurden hier im Park im Rahmen der Olympischen Sommerspiele von Antwerpen ein Teil der Fechtwettbewerbe ausgetragen.

Mit Peter Pan im Rücken passieren wir zu unserer Linken das idyllische Café **La Fabrique en Ville,** verlassen den Park und gehen geradeaus auf den **6** **Boulevard de Waterloo.** Die 40 Meter breite Prachtstraße verbindet den königlichen Palast von Brüssel mit der Place Louise und gilt als eine der prestigeträchtigsten Straßen der Stadt. Sodann halten wir uns rechts und passieren Versace, Emporio Armani, Gucci, Hermès, Ralph Lauren, Jimmy Choo, Cartier, Rolex, Moncler und Chopard.

Justizpalast

Vor Louis Vuitton biegen wir rechts ab in die **Rue du Grand Cerf** und wenden uns an deren Ende nach links. Bevor uns der Justizpalast in seinen Bann zieht, widmen wir unsere Aufmerksamkeit noch kurz dem mondänen Anwesen auf unserer rechten Seite. Das **TheMerode** gehört zu den Herrenhäusern der **Rue aux Laines,** aus der wir gerade herausspaziert sind. Das 1618 von Herzog Alexander von Bournonville errichtete Gebäude war eines der ersten seiner Art in der geschichtsträchtigen Wollstraße und ist bis heute eines der markantesten Herrenhäuser. Lange Zeit wurde das bescheidene Eigenheim an Mitglieder von Königshäusern, Minister und Grafen vermietet. Heute dient es als Sitz für Anwaltskanzleien, beherbergt einen Privatklub und das italienische Gourmetrestaurant Ciao. Bis ins 19. Jahrhundert war das Anwesen sogar noch um einiges größer. Charles de Merode, der damalige Präsident des belgischen Senats, trat 1862 den zu dieser Zeit riesigen Garten an den Staat ab, um den 1866 von Leopold II. angestoßenen Bau des Justizpalasts zu ermöglichen.

Diese Richtung schlagen wir nun auch ein und gehen hinüber zum 7 **Palais de Justice,** der mit 26.000 Quadratmetern Fläche der größte seiner Art in ganz Europa ist. Leider wird der Koloss gleichzeitig oft als „Schandfleck von

Aussicht von der Place Poelaert

Riesenrad am Ruhmesdenkmal der Infanterie

Brüssel" bezeichnet, weil er seit Mitte der 1980er-Jahre eine Baustelle ist. Einzig das Ausmaß der Bauarbeiten variiert. Seit 2022 wird das über 40 Jahre alte, baufällige Gerüst wiederum von einem Gerüst gestützt. Aber es kommt Bewegung in die Sache. Für das Jahr 2030, pünktlich zur Zweihundertjahrfeier der belgischen Unabhängigkeit, soll der Justizpalast zum ersten Mal seit über 40 Jahren ohne Gerüst zu sehen sein. Auch wenn es oft nicht so aussieht, das Innere des Justizpalasts ist weiterhin zugänglich, immerhin beherbergt das Ungetüm Belgiens höchstes Gericht. Der Eingang zwischen den Teilen des Gerüsts wird manchmal verlagert, aber irgendwo kommt man immer hinein. Hat man den Weg erst einmal gefunden, wird man von imposanten und sehr fotogenen Hallen und Treppenhäusern überrascht. Die Suche nach dem Zugang lohnt sich!

Aus dem Justizpalast herauskommend, halten wir uns links und entdecken das **Monument à la Gloire de l'Infanterie Belge** mitten auf dem Platz. Das Ruhmesdenkmal der belgischen Infanterie erinnert an die Opfer des Ersten und Zweiten Weltkriegs und damit treffen wir auf den vierten belgischen König und einen Prinzregenten. Nachdem Albert I. 1934 im Alter von gerade mal 58 Jahren bei einem Kletterunfall in den Ardennen tödlich verunglückt war, übernahm sein Sohn Leopold III. die belgische Monarchie. Nur ein Jahr später, 1935, erlitt er einen schweren Verlust, als seine Frau,

Königin Astrid, bei einem Autounfall in der Schweiz ums Leben kam. Während seiner Regentschaft brach der Zweite Weltkrieg aus und Belgien wurde erneut angegriffen, woraufhin Leopold III. schnell kapitulierte. In der Folge wurde er von den Deutschen in Schloss Laeken unter Hausarrest gestellt, was zur sogenannten Königsfrage führte und für große Aufregung in der damaligen Politik und Gesellschaft sorgte. Er wurde kritisiert, weil er während des Zweiten Weltkriegs nicht ins Exil ging und sich später mit Hitler zwecks Absprachen traf. Seine Heirat mit Lilian Baels im Jahr 1941 während seiner vermeintlichen Gefangenschaft verstärkte die Kritik, da man ihm vorwarf, es sei ihm gar nicht so schlecht ergangen. Nach dem Krieg wurde Leopold III. von den Alliierten nach Österreich gebracht. Während seiner Abwesenheit übernahm 1944 sein Bruder Charles als Prinzregent das Amt. Belgien steckte in einer Krise, die erst endete, als Leopold III. 1950 zugunsten seines Sohns Baudouin abdankte, was die belgische Monarchie rettete.

Notre-Dame des Victoires au Sablon

Auf der Plattform gehen wir nach vorn und genießen die umwerfende Aussicht auf Brüssel. Wir stehen auf der **Place Poelaert,** benannt nach dem Architekten Joseph Poelaert, dem wir den Justizpalast zu verdanken haben. An der Mauer halten wir Ausschau nach dem **Atomium** halb rechts hinter der Stadt, das man bei schönem Wetter gut sieht. Wenige Meter neben dem Atomium sieht man bei sehr klarer Sicht auch das **König-Baudouin-Stadion,** benannt nach dem Sohn von Leopold III. Sobald Baudouin I. im Jahr 1951 mit 21 Jahren volljährig war, übernahm er als fünfter König der Belgier die Regentschaft von Prinzregent Charles. Er wurde für seine Bescheidenheit, seinen Glauben und sein Engagement für humanitäre Angelegenheiten bekannt. Obwohl seine Ehe mit Königin Fabiola kinderlos blieb, genoss das königliche Paar große Beliebtheit.

Mit Panoramablick auf die Stadt wenden wir uns nach rechts und spazieren die Rue Ernest Allard hinunter, bis wir an der nächsten Kreuzung am gemütlichen Restaurant **Le Perroquet** ankommen. In dem authentischen Art-déco-Ambiente lässt sich die Nachbarschaft gerne eine leckere Pitatasche schmecken. Wir gehen links vom Perroquet in die Rue Charles Hanssens und stoßen an deren Ende auf die Kirche **Saints-Jean-et-Étienne-aux-Minimes.** Nach einem kurzen Blick auf das Gotteshaus des Ordens der Minderbrüder aus dem 17. Jahrhundert setzen wir unseren Weg nach rechts in der Rue des Minimes fort. Nach etwa 200 Metern biegen wir rechts in die kleine Gasse Petit Rue des Minimes ab, die uns zur **Place du Grand Sablon** führt. Der Platz mit dem für Brüssel typischen Charme wird dominiert von der Kathedrale 8 **Notre-Dame des Victoires au Sablon.** Die Krypta der im 15. Jahrhundert vom großen Schwur der Armbrustschützen im Stil der brabanter Gotik erbaute Kirche dient als Grabstätte der Adelsfamilie Thurn und Taxis.

Place Royale

In der Straße hinter der Kathedrale, wo die Straßenbahn fährt, wenden wir uns nach links. Auf der rechten Seite sehen wir wieder den Square du Petit Sablon, den wir schon von der anderen Seite aus besucht haben. Wir befinden uns nun auf der **Rue de la Régence** und erblicken schon jetzt die **Reiterstatue von Godefroy de Bouillon,** einem Anführer des ersten Kreuzzugs im 11. Jahrhundert. Während wir auf die Statue zusteuern, kündigen die **Musées Royaux des Beaux-Arts de Belgique,** die Königlichen Museen der Schönen Künste, bereits den Kunstberg an, den Mont des Arts. Der imposante Museumskomplex auf unserer linken Seite, kurz vor der Reiterstatue, besteht aus dem Museum für Alte Kunst und dem Museum für Moderne Kunst. Die Sammlungen beinhalten Werke von Peter Paul Rubens, Hieronymus Bosch, Vincent van Gogh und natürlich dem großen belgischen Surrealisten René Magritte. Sie bieten einen breiten Überblick über die Entwicklung der Kunst von der Renaissance bis zur Gegenwart.

Wenn wir Godefroy erreicht haben, stehen wir auf der eindrucksvollen 9 **Place Royale.** Zwischen 1776 und 1782 entstand dieser neoklassizistische Architekturkomplex, der den alten Herzogspalast und die ehemalige Abtei Coudenberg ersetzt. Auf der rechten Seite schmiegt sich die Kirche 10 **Saint-Jacques-sur-Coudenberg** harmonisch in das architektonische Ensemble, in der Leopold I. im Jahr 1831 seinen Eid auf die belgische Verfassung ablegte. Hier wurde Albert II. getauft, der 1993 überraschend zum sechsten König der Belgier wurde.

Saint-Jacques-sur-Coudenberg

Nachdem Baudouin im Jahr 1993 an einem Herzinfarkt verstorben war, war der für die Thronfolge vorgesehene Prinz Philippe noch nicht bereit, das Amt zu übernehmen. So kam Belgien zum bis heute beliebten Albert II., aus dessen Ehe mit Paola Ruffo di Calabria auch der heutige König Philippe stammt, da die Ehe Baudouins kinderlos blieb. 20 Jahre lang hütete Albert II. das Amt für Philippe, bis er 2013 im Alter von 79 Jahren abdankte.

Godefroy scheint in die Straße mit der schönsten Aussicht zu reiten und diese Richtung schlagen wir nun auch ein. Rechts neben dem **Musée Magritte** gehen wir die Rue Montagne de la Cour hinunter. Auf der rechten Seite entdecken wir schnell ein Jugendstilgebäude wie aus dem Bilderbuch. Im **Old England** ist das Musikinstrumentenmuseum beheimatet, das nicht nur für Musiker ein echtes Highlight ist. Wir gehen noch ein Stück weiter und am oberen Ende der Treppen nehmen wir uns Zeit, den fantastischen Blick auf die Altstadt zu genießen.

Damit stehen wir mitten auf dem berühmten 11 **Mont des Arts** mit den vielen Museen rundherum. Über die Treppe hinab erreichen wir die 1910 für die Weltausstellung angelegte Gartenanlage. Wer noch mehr Aussicht möchte, kann linker Hand in die **königliche Bibliothek** gehen, in der sich im fünften Stock ein Café mit Dachterrasse befindet. Auf der rechten Seite der Gartenanlage entdecken wir die schönste Uhr der Stadt, bevor wir am unteren Ende des Gartens auf die 12 **Reiterstatue von König Albert I.** treffen. Er blickt hinüber zur anderen Straßenseite, wo die Statue seiner Frau Elisabeth steht. Nach ihr ist die älteste Tochter von König Philippe und Mathilde benannt, die Kronprinzessin und Erste in der Thronfolge. Elisabeth ist die erste Thronfolgerin, die ein fast ganz normales Leben führte. Sie ging zur Schule und fuhr ins Ferienlager, wobei sie in letzterem Fall gelegentlich unter anderem Namen reiste. Dass Elisabeth seit ihrer Geburt als zukünftige Königin der Belgier angesehen wird, ist erst seit einer Gesetzesänderung im Jahr 1991 möglich, durch die auch Nachfolgerinnen den Thron besteigen dürfen.

Mont des Arts

Mit Elisabeth endet unser Weg durch die Geschichte der Könige der Belgier. Nach dem ersten König der Belgier Leopold I., dem zu Recht umstrittenen Leopold II., Albert I., Leopold III. und dem Prinzregenten Charles, Baudouin, dem überraschten König Albert II. und dem heutigen König Philippe wird Elisabeth aller Voraussicht nach die erste Königin der Belgier. Das wird sie sicherlich hervorragend meistern. Mit dem Rücken zu den Treppen erblicken wir rechter Hand schon den Eingang zur **Gare Centrale,** von wo verschiedene Linien in alle Richtungen fahren. Folgen wir dieser Straße weiter, erreichen wir wieder unseren Ausgangspunkt am Park. Aber auch die Altstadt ist nur ein paar Schritte entfernt. Folgt man dem Weg weiter hinunter, ist man direkt wieder mittendrin im historischen Brüssel.

3

Start/Ziel: Place de la Bourse, 1000 Brüssel
Länge: ca. 3,5 Kilometer
Dauer: ca. 2 Stunden
ÖPNV: Haltestelle Bourse
Parken: Interparking Brussels – Parking Brucity, Rue de l'Evêque 1, 1000 Brüssel

UNTERWEGS ENTDECKT

1. Halles Saint-Géry
2. BD Nero
3. Zinneke Pis (Skulptur)
4. BD Lucky Luke
5. BD Asterix und die Gallier
6. BD Ric Hochet
7. BD Froud und Stouf
8. BD Yoko Tsuno
9. BD Monsieur Jean
10. Madame Chapeau (Skulptur)
11. BD Tim und Struppi
12. BD Broussaille

ESSEN + TRINKEN

Halles Saint-Géry, Place Saint-Géry 1, 1000 Brüssel, Tel. +32 (2) 5 02 44 24, hallessaintgery.be (historische Markthalle mit Café, ideal für eine Kaffee- oder Teepause)
In 't Spinnekopke, Place du Jardin aux Fleurs 1, 1000 Brüssel, Tel. +32 (2) 3 05 56 65, spinnekopke.be (traditionelle belgische Küche, Restaurant mit unfassbar viel Geschichte)
Ginette au Secours, Rue de Bon Secours 4, 1000 Brüssel, ginettebars.com (Insidertipp! Gemütliches Restaurant mit fantastischem traditionellem Essen)

VAN ARTEVELDE

Urban Art und die Welt der Comics

Belgien ist das Land der Comics. Etwa 700 Comiczeichner leben in Brüssel und erschaffen knapp 30 Millionen Hefte pro Jahr. Nirgendwo sonst auf der Welt spielt die neunte Kunst eine so zentrale Rolle. Dieser Spaziergang steht ganz im Zeichen der Bande Dessinée oder verkürzt BD. Übersetzt bedeutet das einfach Comic. Die berühmten Comicwandbilder sind zwar über ganz Brüssel verteilt, aber nur selten entdeckt man so viele auf einmal wie auf diesem Spaziergang. Unterwegs muss man unbedingt die Augen offen halten, denn neben den offiziellen Kunstwerken gibt es immer wieder vorübergehend weitere Urban-Art-Projekte an den Wänden zu entdecken.

Wir starten an der Brüsseler Börse, die heute das Zuhause der Bierwelt ist und die wir schon von unserem Spaziergang durch die Altstadt kennen. Den Eingang der Börse lassen wir hinter uns und gehen halb links in die lebhafte **Rue Jules van Praet,** bis wir vor der historischen Markthalle **1 Halles Saint-Géry** stehen. Hier finden oft Ausstellungen oder Flohmärkte statt – gleichzeitig ist es ein gemütliches Café. Bereits im 6. Jahrhundert stand an dieser Stelle eine Kapelle, 1881 wurde ein Fleischmarkt im Renaissance-

Halles Saint-Géry

Nero

Zinneke Pis

stil errichtet, der 1985 in das heutige Kulturzentrum mit Café umgebaut wurde. Wir gehen rechts an der Markthalle vorbei und treffen direkt dahinter auf das erste Wandbild. Die Brüsseler Wandbilder entstanden in den 1990er-Jahren, als sich die Stadt energisch gegen die großen Werbeplakate zur Wehr setzte, die das Stadtbild verunstalteten. Nach der Entfernung dieser Plakate kamen baufällige Fassaden zum Vorschein, die dringend restauriert werden mussten. Im Land der Comics fanden so mehr und mehr Comichelden ihren Weg auf Brüsseler Hauswände, wie Tim und Struppi, Spirou, Lucky Luke, Asterix oder Nero, den wir an dieser Stelle vor uns sehen.

In dem farbenfrohen Fresko freut sich 2 **Nero,** der Held des gleichnamigen niederländischsprachigen Comics, über die Vögel, während die Petersilienblätter hinter seinem Ohr als Lorbeerkranz fungieren und ihn an seine Überzeugung erinnern, der römische Kaiser Nero zu sein. Daneben sieht man Madame Pheip auf den Schultern von Monsieur Pheip, dem französischsprachigen Bürgermeister des flämischen Dorfs von Nero, begleitet von Jan Spier (Jean Muscle). Boulette und Bambou, die Adoptivkinder der Pheips, sind ebenfalls zu sehen, während Neros genialer Sohn Adhemar die Szene aufmerksam beobachtet. Im Hintergrund sucht Detektiv Fouchet nach Hinweisen.

Wir lassen Nero links liegen, gehen ein Stück und steuern an der nächsten Kreuzung gegenüber die **Rue Saint-Christophe** an. Schon von Weitem erblicken wir an einer Hauswand einen der berühmten **Space Invaders.** Die an das Computerspiel angelehnten Figuren des französischen Street-Art-Künstlers finden sich mittlerweile auf der ganzen Welt und selbstverständlich auch hier in Brüssel. Doch beim Näherkommen sollten wir unseren Blick einmal nach unten schweifen lassen, denn direkt unterhalb des Space Invaders verrichtet Zinneke gerade seine Notdurft an einem Pfosten. Was ein Manneken Pis kann, kann **3 Zinneke Pis** schon lange. Het Zinneke wurde 1998 vom Brüsseler Bildhauer Tom Frantzen entworfen, dem wir unter anderem auch die Figur von Jacques Brel auf unserem Weg durch die Altstadt verdanken und die Vaartkapoen entlang des Kanals. Selbst auf diesem Spaziergang stoßen wir später noch einmal auf Tom Frantzen.

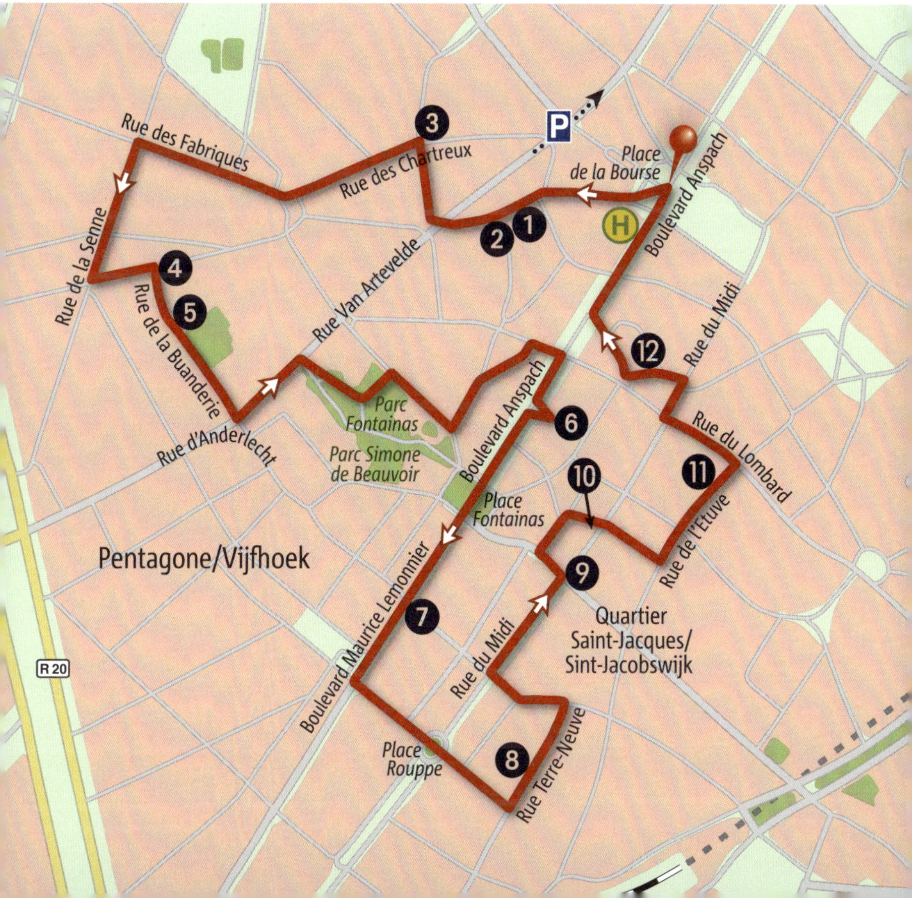

Street-Art Rue des Chartreux

Beim Zinneke biegen wir links ab in die Rue des **Chartreux** und folgen ihr bis zur kleinen Place du Jardin aux Fleurs. Auf unserer linken Seite entdecken wir das historische Gasthaus **In t'Spinnekopke.** Einst ein Zufluchtsort für müde Reisende, hat es seine alte Pracht als authentisches Estaminet wiedererlangt, wo Durst und Hunger gestillt werden können und gleichzeitig ein Stück Geschichte erlebt werden kann, das älter ist als Belgien. Während wir das Lokal hinter uns lassen, führt uns unser Weg halb rechts durch die **Rue des Fabriques.** Schon bald entdecken wir den **kleinen Nic,** der im Traum mit seinen tierischen Freunden unterwegs ist. Kurz bevor wir ihn erreichen, drehen wir uns noch einmal um und sehen **Cori, den Schiffsjungen.** Während normalerweise auf Brüsseler Hauswänden nur eine Szene dargestellt wird, entdecken wir hier mit den einzelnen Fenstern einen eindeutigen Bezug zum Stil eines Comichefts.

Bei Nic biegen wir links ab in die **Rue de la Senne** und folgen ihr, bis wir bei der zweiten Möglichkeit nach links in die Rue T'Kint spazieren. Schon nach wenigen Metern erscheinen ④ **Lucky Luke** und die Daltons des Belgiers Morris und des Franzosen René Goscinny. Seit 1946 durchstreifen Lucky Luke, gekleidet in den Farben der belgischen Flagge, sein Pferd Jolly Jumper und Hund Rantanplan den Wilden Westen, immer bereit, die Sheriffs bei der Jagd nach den Daltons zu unterstützen. Vor Lucky Luke folgen wir der **Rue de la Buanderie,** bis wir links auf einem Basketballplatz ⑤ **Asterix und die Gallier** entdecken, die offensichtlich gerade wieder einen Angriff auf die Römer starten, frisch gestärkt mit Zaubertrank. Zwar entstammen die Geschichten rund um die widerspenstigen Gallier den Federn der Franzosen René Goscinny und Albert Uderzo, aber die beiden lernten sich 1950 in Brüssel kennen und gehören hier schon allein deshalb zum Comicinventar. Am 29. Oktober 1959 erschien der erste Comic mit Asterix und Obelix in der französischen Zeitung Pilote. Der Rest ist eine Erfolgsgeschichte ohnegleichen, bis heute fiebern unzählige Fans auf der ganzen Welt jeder neuen Asterix-Ausgabe entgegen.

An der nächsten Kreuzung wenden wir uns nach links in die **Rue Van Artevelde.** Wir halten uns auf der rechten Seite und biegen bald ab in den **Parc Fontainas.** Für einen kurzen Moment spazieren wir hindurch, wenden uns nach links und verlassen ihn mit Blick auf **Ducobu** auch schon wieder. Ducobu ist ein intelligenter, aber fauler Schüler, der alles tut, um von Léonie Gratin, der Musterschülerin der Klasse, abschreiben zu können. Trotz seiner raffinierten Tricks wird er oft erwischt und landet zur Strafe neben dem Skelett Nénette. Die Figur Ducobu wurde 1992 von den Brüsseler Autoren Zidrou und Bernard Godi geschaffen. Ursprünglich als Schwarz-Weiß-Gags in der

Cori, der Schiffsjunge

Lucky Luke

Zeitschrift Tremplin veröffentlicht, erregte die Serie so viel Aufmerksamkeit, dass sie lange fortgesetzt wurde, auch weil die Leser dazu aufgefordert wurden, sich an kreativen Strafen für Ducobu zu beteiligen.

Mit Blick auf Ducobu wenden wir uns nach rechts und biegen bei der nächsten Möglichkeit links in die Rue de la Grande Ile ab. Nach wenigen Metern entdecken wir auf der rechten Seite eine Wand von **Mr. Doodle,** die für die Schule gemalt wurde, an der sie zu sehen ist. An dieser Stelle halten wir uns an der Gabelung rechts, spazieren an **La belle Hip Hop** vorbei und biegen danach rechts ab. Nur wenige Schritte weiter stehen wir auf dem **Boulevard Anspach,** dem wir nach rechts folgen. Nach links halten wir die Augen offen, denn schon bei der nächsten Querstraße entdecken wir **6 Ric Hochet** hinter den Blättern der Bäume. Der Journalist und Assistent von Kommissar Bourdon rettet hier seine Freundin Nadine vor einem Überfall, während der Kommissar hilflos zusieht. Ric Hochet, erschaffen von André-Paul Duchâteau und Tibet, erschien erstmals 1955 und

Asterix und die Gallier

Ducobu

präsentiert Stereotypen über männliche und weibliche Rollen, wobei Nadine, obwohl zentral, eine eher passive Rolle einnimmt und oft als Kollateralopfer dargestellt wird. Gegenüber von Ric Hochet entdecken wir auch das Restaurant **Ginette au Secours,** in dem man mit Blick auf den furchtlosen Helden ausgezeichnet belgisch essen kann.

Über den Boulevard Anspach, der nach der begrünten Place Fontainas seinen Namen in **Boulevard Maurice Lemonnier** ändert, setzen wir unseren Weg fort. Nach einer Weile entdecken wir links 7 **Froud und Stouf.** Die beiden blauen Hunde von Frédéric Jannin und Stefan Liberski sind im französischsprachigen Belgien echte Megastars und philosophieren im Brüsseler Dialekt über das Leben.

Froud und Stouf

XIII

Davon lassen sie sich auch nicht stören, wenn um sie herum im Haus der Teufel los ist. Dem Boulevard weiter folgend, entdecken wir rechts die **Place Anneessens** mit der Schule im Hintergrund. Wir lassen den Blick von der Schule nach links schweifen und entdecken **Thorgal,** den skandinavischen Helden, der mit seiner Frau Aaricia aus ihrem Dorf flieht, dessen Bewohner das verliebte Paar getrennt sehen möchten. Die Serie, die Wikingermythologie mit Science-Fiction und Fantasy kombiniert, erzählt ihre Abenteuer, während sie gegen Krieger, fantastische Tiere und seltsame Erscheinungen kämpfen.

Wir verlassen nun den Boulevard und biegen nach links ab in die **Rue de Tournai.** Den malerischen Platz mit dem Rouppe-Brunnen in der Mitte überqueren wir und gehen noch ein Stück weiter geradeaus durch die **Rue du Chasseur,** an deren Ende wir links auch schon das nächste Wandbild sehen. 8 **Yoko Tsuno** ist eine japanische Elektronikingenieurin, die Abenteuer auf der Erde, im Weltraum und in der Zeit erlebt. Sie beherrscht Naturwissenschaften, Mechanik und Technik und nimmt als intelligente, mutige und selbstständige Heldin einen Platz ein, der früher tradi-

Monsieur Jean

tionell männlichen Charakteren vorbehalten war. Die Figur wurde von Roger Leloup in den 1970er-Jahren geschaffen, als Comics hauptsächlich von männlichen Helden dominiert und Frauenfiguren oft auf Nebenrollen beschränkt oder ins Lächerliche gezogen wurden.

Wir passieren Yoko und werfen am Ende der Straße einen kurzen Blick nach rechts, wo sich Jason Mullway gerade mit einem Taxifahrer bespricht. Eine neblige Atmosphäre im eisigen New York prägt die Comics von **XIII,** die 1984 in der Zeitung Spirou ins Leben gerufen wurden. Die Serie, ein Polit-Fiction-Thriller voller Spannung und Spionage, wurde von Jean Van Hamme und William Vance geschaffen und spielt 1963 in den USA, wo ein Mann mit Amnesie, verfolgt von einem Auftragskiller, seine Identität und seine Verwicklung in die Ermordung von Präsident William Sheridan aufdeckt. 2011 wurde XIII sogar in einer Fernsehserie umgesetzt.

Wir schlendern nach links durch die **Rue Philippe de Champagne** und wenn wir die **Rue du Midi** erreichen, biegen wir rechts ab. Wieder ist es nur ein kurzer Weg, bis uns das nächste Wandbild ins Auge fällt. Diesmal ist es 9 **Monsieur Jean,** der gewöhnliche Held von Charles Berberian und Philippe Dupuy. Monsieur Jean, ein Pariser Schriftsteller, lebt in kürzeren oder längeren Geschichten seinen Alltag, seine Beziehungen und Sorgen. Die realistische und sensible Darstellung seiner Gedanken über Liebe, Familie und Karriere weckt die Empathie der Leser und brachte den Schöpfern internationale Anerkennung, als sie 1999 für ihr Werk ausgezeichnet wurden.

Bei Monsieur Jean biegen wir links ab in die Rue des Bogarts und entdecken nach wenigen Schritten an der nächsten Kreuzung **Kinky und Cosy,** die mal wieder nichts als Schabernack im Kopf haben. Mit unschuldiger Naivität und ihrer quirligen Art hinterlassen die Schwestern hauptsächlich Chaos und Verwüstung, ohne dass ihnen etwas heilig ist oder jemand vor ihnen sicher wäre. Bei Kinky und Cosy biegen wir rechts ab in die **Rue de la Gouttière** und gleich bei der nächsten Möglichkeit noch einmal rechts in die **Rue**

Madame Chapeau

Tim und Struppi

des Moneaux. Schnell entdecken wir an der nächsten Ecke die Skulptur ⑩ **Madame Chapeau.** Wie Zinneke Pis wurde auch Madame Chapeau vom Bildhauer Tom Frantzen geschaffen. Amélie Van Beneden, auch bekannt als Madame Chapeau oder Frau Hut, ist eine Nebenfigur aus dem Theaterstück Bossemans et Coppenolle, das 1938 uraufgeführt wurde. Sie verkörpert den typisch brüsselerischen, selbstironischen Humor, die Zwanze, und spricht im fast ausgestorbenen Brusseleer, einem stark franzisiertem Dialekt des Niederländischen. Die Skulptur, die im Jahr 2000 im Auftrag der Brabanter Föderation der sozialistischen Gegenseitigkeit in Brüssel errichtet wurde, zeigt die krummbeinige, bebrillte Madame Chapeau, wie sie scheinbar Münzen in ihrem Portemonnaie zählt, während ein neugieriges Kaninchen und eine Lauchzwiebel aus ihrer Korbhandtasche hervorlugen.

Wir setzen unseren Weg geradeaus durch die Rue des Moineaux fort und biegen bei der nächsten Gelegenheit links ab. Vor uns findet sich zu nahezu jeder Tageszeit ein Menschenauflauf ein, denn wir laufen auf den berühmtesten aller Belgier zu, das **Manneken Pis,** das wir schon von unserem Spaziergang durch die Altstadt kennen. An dieser Stelle lassen wir den berühmten Pinkler aber einfach rechts liegen und gehen geradeaus weiter durch die **Rue de l'Etuve.** Kurz nachdem wir das Schokoladenmuseum passiert haben, entdecken wir links ⑪ **Tim und Struppi,** die zusammen mit dem Kapitän eine Feuertreppe hinuntereilen, um Professor Tournesol zu retten. Im Fall der Sonnenblume, dem 18. Abenteuer von Tim und Struppi aus dem Jahr 1956, wird der Professor wegen der von ihm erfundenen Zerstörungsmaschine entführt. Zwei konkurrierende totalitäre Staaten erheben rigoros Anspruch auf die Maschine, was Tim und Struppi aber selbstverständlich zu verhindern wissen. Hergé, der kreative Kopf hinter Tim und Struppi, gilt in Belgien bis heute als Vater der frankobelgischen Comics. Der erste Comic über Tintin und seinen treuen Hund erschien bereits 1929 in der katholischen Jugendbeilage der Zeitung Le Petit Vingtième.

Nachdem wir Tim und Struppi hinter uns gelassen haben, wenden wir uns nach links in die **Rue du Lombard,** wo wir schon auf die ersten Comicbuchhandlungen treffen, die in diesem Teil der Stadt natürlich in großer Zahl vertreten sind. An der nächsten Kreuzung biegen wir rechts in die **Rue du Midi** ab und bevor wir links die Rue du Marché au Charbon ansteuern, werfen wir einen Blick in die kleine Gasse halb rechts. Wir entdecken **Le Passage,** eine Szene aus der beliebten Comicreihe der 1980er-Jahre, in der die Leser in eine seltsame Parallelwelt entführt werden.

EIN KURZER ÜBERBLICK ÜBER DIE BEKANNTESTEN BELGISCHEN COMICS

Tim und Struppi (Tintin) von Hergé (Georges Remi)
Die Abenteuer des jungen Reporters Tim und seines treuen Hunds Struppi gehören zu den weltweit beliebtesten Comics.

Blake und Mortimer von Edgar P. Jacobs
Diese Serie ist ein Klassiker der belgischen Comicszene. Die beiden britischen Detektive sind für ihre ausgeklügelten Geschichten in detailreichen Zeichnungen bekannt.

Spirou und Fantasio von verschiedenen Künstlern
Spirou, ein Hotelpage, und sein Freund Fantasio meistern Abenteuer an einer Vielzahl exotischer Orte.

Lucky Luke von Morris (Maurice De Bevere)
Der einsame Cowboy Lucky Luke und sein treuer Begleiter, das sprechende Pferd Jolly Jumper, sind im Wilden Westen unterwegs und erleben Kurioses.

Gaston Lagaffe von André Franquin
Gaston ist ein chaotischer Büroangestellter, der unabsichtlich Chaos und Verwüstung verursacht. Die Serie ist für ihren humorvollen Blick auf den Alltag im Büro bekannt.

Durch die schmale **Rue du Marché au Charbon** setzen wir unseren Weg fort und sehen auf der rechten Seite hinter einem Tor ein buntes Wandbild, das eine Hommage an die **LGBT-Szene** darstellt. Dem ein oder anderen Spaziergänger dürfte der Stil bekannt vorkommen, immerhin entwarf das Bild der deutsche Autor und Comiczeichner Ralf König, der vor allem durch den Film „Der bewegte Mann" berühmt wurde. Die Straße, in der das Wandbild zu sehen ist, ist eine private Straße, aber wenn das Tor offen steht, kann man gerne auch näher rangehen. Nur wenige Schritte weiter auf der Rue du Marché au Charbon sollten wir unsere Aufmerksamkeit nach rechts richten, denn hier finden wir das erste aller Brüsseler Wandbilder. Mit 12 **Broussaille** fing in den 1990er-Jahren alles an. Broussaille, oder auch Jonas Valentin, ein junger, wuschelhaariger Student aus Brüssel, entdeckt in seinem Alltagsleben und auf Reisen fantastische und poetische Welten. Dabei stößt er auf sagenumwobene Tiere, merkwürdige Phänomene und liebevoll verschrobene Mitmenschen, die seine Abenteuer noch unvergesslicher machen.

Ein paar Meter weiter werfen wir an der Kreuzung einen Blick über die Straße hinüber zu **Victor Sackville,** dem englischen Spion im Ersten Weltkrieg, bevor wir rechts in die Plattesteen abbiegen. Schnell erreichen wir den Boulevard Anspach, wo wir uns nach rechts wenden, um wieder zur Börse zu gelangen. Auf unseren letzten Metern durch die Welt der Comics entdecken wir auf der rechten Seite praktischerweise mehrere Comicbuchhandlungen, in denen wir uns mit den Geschichten der Protagonisten unseres Spaziergangs eindecken können.

Es mag ein wenig überraschen, dass es im Land der Comics bis in die 1990er-Jahre dauerte, bis ihre Helden den Weg in die Hauptstadt fanden, doch wahrscheinlich war es nur eine Frage der Zeit. Heute sind die Wandbilder von Brüssel unverzichtbar geworden und bei Streifzügen durch die Stadt muss man stets die Augen offenhalten, um nicht unbeabsichtigt ein Kunstwerk zu verpassen.

Broussaille

4

Start/Ziel: Marché aux Poissons, Quai aux Briques, 1000 Brüssel
Länge: ca. 3,5 Kilometer
Dauer: ca. 2 Stunden
ÖPNV: Haltestelle Sainte-Catherine
Parken: Interparking Brussels – Parking Brucity, Rue de l'Evêque 1, 1000 Brüssel

UNTERWEGS ENTDECKT

1. Marché aux Poissons
2. Musée Banksy
3. Saint-Jean-Baptiste-au-Béguinage
4. Hospice Pachéco
5. Théâtre National Wallonie-Bruxelles
6. Koninklijke Vlaamse Schouwburg (Königlich-Flämisches Theater)
7. Willebroek-Kanal
8. Rue de la Cigogne
9. Rue Antoine Dansaert
10. Rue de Flandre
11. CENTRALE of contemporary Art
12. Sainte-Catherine

ESSEN + TRINKEN

Grimbergen Café, Place Sainte-Catherine 22, 1000 Brüssel, Tel. +32 (2) 2 29 00 09, grimbergencafe.be (uriges Restaurant mit Moules Frites, Carbonnade, Stoemp und Boulets à la Liégoise)
Le Jardin de ma Soeur, Rue du Grand Hospice 54, 1000 Brüssel, Tel. +32 (2) 2 17 65 82, lejardindemasoeur.be (Theatercafé, ein Getränk mitten in einer Aufführung)
Nordzee, Rue Sainte-Catherine 45, 1000 Brüssel, Tel. +32 (2) 5 13 11 92, noordzeemerdunord.be (eine echte Institution und ein Muss für Fischliebhaber! Essen an Stehtischen, geselliges Konzept)

SAINTE-CATHERINE & DANSAERT

Kunst und Kultur unter Einheimischen

Nur wenige Schritte von der Altstadt entfernt, gehört das Viertel rund um die Kirche Sainte-Catherine zu den beliebtesten Gegenden der Stadt. Außergewöhnlicherweise gilt dies sowohl für Besucher als auch für Einheimische. Vor allem das reichhaltige Angebot an Kunst und Kultur lockt Einwohner wie Touristen gleichermaßen in die idyllischen Gassen, auf die charmanten Plätze sowie in Museen und Kulturzentren. Bei unserem Spaziergang treffen wir auf Kunst, Kultur und echte gastronomische Insidertipps.

Wir starten an der Metrostation Sainte-Catherine auf dem 1 **Marché aux Poissons.** Obwohl es hier schon lange keinen richtigen Fischmarkt mehr gibt, wird der Platz bis heute mit dem Verkauf der Meeresbewohner in Verbindung gebracht, da sich der Hafen von Brüssel bis Anfang des 20. Jahrhunderts an dieser Stelle erstreckte. Falls gerade Dezember ist, dürften wir hier mitten in einem wunderschönen Weihnachtsmarkt stehen. Zu jeder anderen Zeit des Jahres fällt unser Blick unweigerlich auf die beeindruckende Kirche **Sainte-Catherine,** deren Richtung wir nun einschlagen. Wir gehen aber nicht direkt zum Haupteingang, dort wird unser Spaziergang später enden. Stattdessen laufen wir nach links zur Rückseite der Kirche, wo wir einen kuriosen Turm erspähen. Der Schwarze Turm, die **Tour Noire,** der eigentlich gar nicht schwarz ist, stammt noch aus dem Mittelalter und ist eines der am besten erhaltenen Monumente aus dieser längst vergangenen Zeit.

Marché aux Poissons

Grimbergen Café

Mit Blick auf dieses Relikt wenden wir uns nach links und spazieren wiederum links neben dem **Grimbergen Café** mit der idyllischen Terrasse in die kleine Gasse. Bald erreichen wir die **Place du Samedi** und biegen rechts ab, wo schon die nächsten Außenplätze bei Sonnenschein zum Verweilen einladen. An der Straße angekommen, wenden wir uns nach links und entdecken nach wenigen Metern das 2 **Musée Banksy.** Ein solches darf natürlich in einer Stadt mit so viel Street-Art-Kultur wie Brüssel nicht fehlen und auch wenn hier naturgemäß keine Originale ausgestellt werden, lohnt sich ein Besuch für Fans urbaner Kunst unbedingt. Gleich hinter dem Banksy-Museum gehen wir links in die **Rue des Béguinage** und stehen im Handumdrehen vor der Kirche 3 **Saint-Jean-Baptiste-au-Bé-**

Musée Banksy

guinage im flämischen Barockstil aus dem 17. Jahrhundert, die Johannes dem Täufer gewidmet ist. Ursprünglich gehörte das Gotteshaus zu einem 7 Hektar großen Beginenhof, der jedoch lange verschwunden ist.

Wir gehen an der Kirchentür vorbei, spazieren in die **Rue de l'Infirmerie** und schon von Weitem fällt unser Blick auf den Eingang des 4 **Hospice Pachéco.** Das ehemalige Hospiz ist heute ein Kulturzentrum mit wechselnden Ausstellungen und einem wunderschönen Innenhof, der sich vor allem im Sommer als eine Art Biergarten für eine Pause anbietet. Im Eingangsbereich des Instituts fällt der Blick sofort auf eine Gedenktafel, die stolz verkündet, dass das Gebäude im Jahr 1835 unter Leopold I., dem ersten König Belgiens, eröffnet wurde. Doch die Wahrheit liegt unter der

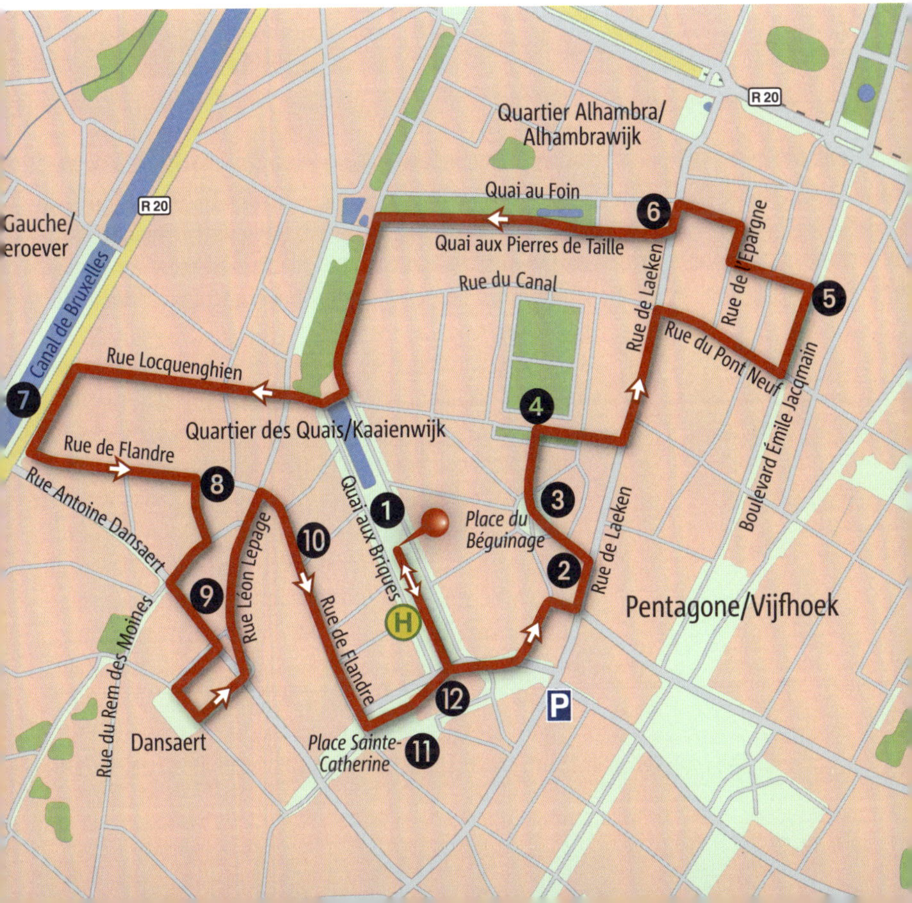

Saint-Jean-Baptiste-au-Béguinage

Oberfläche, denn tatsächlich wurde der Komplex zwischen 1824 und 1827 während der niederländischen Herrschaft unter Wilhelm I. erbaut. Es scheint, als habe das junge Belgien nach der Revolution von 1830 nicht gezögert, die Vergangenheit ein wenig umzuschreiben, um sich dieses imposante Bauwerk anzueignen.

Wir lassen den Eingang des Hospice Pachéco hinter uns, wenden uns nach links und biegen bei der nächsten Möglichkeit erneut links ab in die **Rue de Laeken.** Während wir geradeaus gehen, treffen wir an der folgenden Kreuzung auf das Wandbild von **Suske und Wiske,** die in Belgien echte Berühmtheiten sind. Über 50 Jahre lang waren die Protagonisten auf jedem Cover als Pyramide abgebildet und seit 1995 balancieren sie hier auf dem Manneken Pis. Bei Suske und Wiske biegen wir rechts ab in die Rue du Pont Neuf und folgen ihr, bis wir den Boulevard Émile Jacqmain erreichen. Wir wenden uns nach links und entdecken schnell auf der rechten Seite das **5 Théâtre National Wallonie-Bruxelles.** Die hier aufgeführten französischsprachigen Stücke aus den Bereichen Theater, Tanz, Performancekunst, Ballett, Literatur und sogar Zirkus sind oft experimentell und werden häufig innovativ miteinander kombiniert. Im Erdgeschoss genießt die öffentlich zugängliche Kantine mit außergewöhnlich gutem Essen einen hervorragenden Ruf.

Gegenüber vom Theatereingang spazieren wir in die **Rue Saint-Roch,** biegen an deren Ende rechts in die Rue de l'Epargne ab und sofort wieder links in die Rue des Echelles. Nach wenigen Metern stehen wir auch schon vor dem Gegenstück zum wallonischen Nationaltheater, der **6 Koninklijke Vlaamse Schouwburg.** Bis ins 19. Jahrhundert war das auffällige Gebäude eine Waffenfabrik, die ab 1883 im Auftrag des Bürgermeisters Charles Buls zu einem Theater umgebaut wurde. Weil 1881 bei verheerenden Bränden in Theatern in Wien und Nizza Hunderte Menschen ums Leben gekommen waren, war der Brandschutz beim Umbau eines der wichtigsten Themen. So entstanden die außergewöhnlichen Balkone, die mit Treppen verbunden wurden und dadurch zahlreiche Notausgänge boten. Bis heute werden sie von den Theaterbesuchern gerne zum Plaudern in der Pause oder nach der Vorstellung genutzt.

Bei der offiziellen Einweihung des Flämischen Theaters am 13. Oktober 1887 fragte Bürgermeister Buls König Leopold II. auf Französisch, ob er ihn in diesem für die flämische Schauspielkunst errichteten Tempel auf Flämisch begrüßen dürfte. Leopold II. war einverstanden und fuhr auch direkt selbst auf Flämisch fort, was bis zu diesem Zeitpunkt

Hospice Pachéco

Königlich-Flämisches Theater

noch nie ein Mitglied der königlichen Familie öffentlich getan hatte. Den Ehrentitel „Königlich“ erhielt das Theater dann 7 Jahre später und darf sich seither Königliches Flämisches Theater nennen. Wir gehen links an dem Schauspielhaus vorbei und werfen noch einen Blick auf die Rückseite, wo wir bis heute die ehemalige Fassade der Waffenfabrik sehen können. Mit dem Theater im Rücken spazieren wir nun entlang der Bäume, passieren das sehr ungewöhnliche metallene **Kunstwerk von Wim Delvoye** in Form eines Zementmischers und folgen der Grünfläche bis zur nächsten Querstraße.

Zementmischer von Wim Delvoye

Wir biegen links ab in den **Quai à la Chaux** und halten uns geradeaus, bis wir das Wasserbassin mit der auffälligen **Fontaine Anspach,** dem Brunnenobelisken, erreichen. Während des Weihnachtsmarkts ist es gut möglich, dass wir gerade auf ein

Riesenrad zusteuern, das eine fantastische Aussicht auf das festlich geschmückte Brüssel bietet. Auf der linken Seite des Bassins sehen wir das Theatercafé **Le Jardin de ma Soeur,** ein ungewöhnliches Stück Kultur, zu dem der Schauspieler Arthème seit 1994 Besucher willkommen heißt. Seine Vision war und ist es, das Theater ganz nah an die Menschen zu bringen, als wäre die Darbietung nur ein Gespräch. Und so sitzt der Besucher im Jardin de ma Soeur, schlürft einen Tee oder ein Tripel-Bier, während um ihn herum die Aufführung stattfindet.

Mit Blick auf das Bassin und die Kirche dahinter wenden wir uns nach rechts und passieren das ungewöhnliche **Monument au Pigeon-Soldat,** das alle in den Kriegen eingesetzten Brieftauben ehrt. Sodann steuern wir die **Rue Locquenghien** an. An der ersten Kreuzung erspähen wir links das Wandbild von **Billy the Cat,** bevor wir unseren

Fontaine Anspach

Rue de la Cigogne

Weg bis zum Kanal fortsetzen. Der 7 **Willebroek-Kanal** ist eine künstliche Wasserstraße, die ab dem 16. Jahrhundert angelegt wurde, um Brüssel über die Schelde mit Antwerpen zu verbinden. Heute ist der Kanal ein wichtiger Teil der belgischen Wasserstraßen. Entlang seines Wegs war bis vor sehr wenigen Jahren noch hauptsächlich ein Industriegebiet zu Hause, welches jedoch immer kleiner wird und dadurch Raum für neue Projekte freigibt. Der Platz am Wasser ist beliebt und so entsteht hier mehr und mehr Wohnraum. Aber es werden auch viele Freizeitanlagen eingerichtet, was wir uns auf dem Spaziergang am Kanal entlang noch genauer ansehen werden.

Wir folgen dem Kanal ein kleines Stück nach links, bis wir an der nächsten Kreuzung vor dem Szenecafé Walvis in die **Rue de Flandre** abbiegen. Kurz hinter der Hausnummer 142 sollten wir unsere Aufmerksamkeit nach rechts lenken, denn die 8 **Rue de la Cigogne** versteckt sich ganz ausgezeichnet vor jedem, der nicht weiß, dass es sie gibt. Durch den Torbogen und den dahinterliegenden kleinen Tunnel gelangen wir in diese versteckte Oase, die von April bis Juni dank der rankenden, auch als Blauregen bekannten Glyzinien in ein zartes Violett getaucht wird. Die Häuser der Rue de la Cigogne stammen größtenteils aus dem 17. Jahrhundert und auch die Pflastersteine sind original aus dieser Zeit. Falls das Tor zur Straße geschlossen ist, gehen wir ein Stück weiter geradeaus und biegen zweimal rechts ab. So landen wir am anderen Ende der Rue de la Cigogne, wo immer geöffnet ist, weil es kein Tor gibt.

Die Rue de la Cigogne verlassend, wenden wir uns nach rechts in die **Rue du Rem des Moines** und treffen bereits an der nächsten Kreuzung auf die 9 **Rue Antoine Dansaert,** die mit ihren vielen kleinen Boutiquen als Geheimtipp für die neuesten Modetrends gilt. Nachdem wir links abgebogen sind, erreichen wir schon bald einen Platz, an dessen Ecke zu unserer Rechten eine so moderne Kirche steht, dass sie zunächst gar nicht als solche wahrgenommen wird. Die Worte „Protestantse Kerk" über dem Eingang sowie ein Kreuz an der Seite beseitigen aber die letzten Zwei-

La Bellone

fel, ob es sich nun wirklich um eine Kirche handelt. Wir drehen eine Runde über den Platz und begrüßen neben dem Basketballkorb Jean Baptiste van Helmont. Hinter dem flämischen Arzt, Philosophen und Wissenschaftler entdecken wir die **Brasserie Surréaliste.** Nach aufwendigen Renovierungsarbeiten hat sie 2023 ihre Pforten geöffnet und bietet seitdem ein phänomenales Ambiente sowie eine riesige Bierauswahl. Schon ein Blick hinein lohnt sich, aber auch auf ein Getränk, zum Essen oder zu einer Brauereiführung ist man hier hervorragend aufgehoben.

Nach unserer Runde um den Platz kommen wir zurück zur Protestantse Kerk. Auf der anderen Straßenseite biegen wir rechts vom **Monument à Léon Lepage** in die **Rue Léon Lepage.** Wir spazieren geradeaus, bis wir wieder auf die Rue de Flandre treffen. Bevor wir hier rechts abzweigen, werfen wir kurz einen Blick in die Straße links, wo wir das Wandbild von **Cubitus** entdecken, der frech den Platz des Manneken Pis eingenommen hat. Wir folgen der ⑩ **Rue de Flandre** nach rechts, immer entlang der Boutiquen, Restaurants, Bars, Cafés und Secondhandshops. Bei der Hausnummer 46 treffen wir auf das Kunst- und Kulturzentrum **La Bellone,** wo in einem wundervollen historischen Innenhof wechselnde Ausstellungen stattfinden.

Mer du Nord

Bis wir auf der Place Sainte-Catherine mit der Kirche landen, bleiben wir auf der Rue de Flandre. An der Ecke sollten wir uns einen Besuch des außergewöhnlichen Restaurants **Noordzee** oder **Mer du Nord,** das eine echte Institution in Brüssel ist, nicht entgehen lassen. Fischliebhaber

DIE BELGISCHE BIERKULTUR

Zu Belgiens Kultur gehört unumstritten die unglaublich vielfältige Bierproduktion, die eine fest verankerte Brautradition und eine breite Palette von Biersorten umfasst. Vom legendären Trappistenbier, das von Mönchen in Klöstern wie Westvleteren und Chimay hergestellt wird, über fruchtige Lambics wie Gueuze und Kriek aus der Region um Brüssel bis hin zu den dunklen, starken Dubbel und Tripel wie Leffe und Westmalle ist für jeden Geschmack etwas dabei. Daneben gibt es noch erfrischende Weizenbiere wie Hoegaarden, Blondes, und Pale Ales wie Duvel und La Chouffe sowie Pilsner wie Jupiler und Stella Artois. Liebhaber starker Biere sollten ein Abteibier wie St. Bernardus Abt 12 testen, während saure und fruchtige Biere wie Kriek (Sauerkirsche) und Framboise (Himbeere) die experimentierfreudigen Biertrinker locken. In der Brasserie Surréaliste hat man nicht nur eine große Auswahl der hauseigenen Biersorten, sondern noch viele weitere Biere anderer Brauereien.

CENTRALE for contemporary art

sollten hier unbedingt die Fischsuppe und die Kroketten kosten. Dabei ist Noordzee kein klassisches Restaurant, sondern eher eine Fischbar. Man bestellt an der Theke draußen, sagt dem Personal seinen Namen und sucht sich dann einen Stehtisch auf dem charmanten Platz. Sobald der eigene Name laut gerufen wird, macht man sich bemerkbar und bekommt sein Essen serviert. Mittags trifft sich hier gefühlt das ganze Viertel zum Schlemmen und Plaudern.

Links neben Noordzee entdecken wir den Eingang zur 11 **CENTRALE for contemporary art,** dem Zentrum für zeitgenössische Kunst, das sich ganz ausgezeichnet in dieses Viertel mit seiner vielfältigen Kultur einfügt. Wer sich für Kunst und Künstler von heute interessiert, sollte der CENTRALE unbedingt einen Besuch abstatten. Nun sind auch die Pforten der Kirche 12 **Sainte-Catherine** nur noch ein paar Schritte von uns entfernt. Die Ursprünge der ersten Katharinenkirche an dieser Stelle gehen bis ins 13. Jahrhundert zurück, wovon aber nichts mehr zu sehen ist, seit sie nach einem verheerenden Hochwasser 1850 abgerissen worden war. Kurz darauf wurde Joseph Poelaert, der auch den Justizpalast und die Kathedrale von Laeken baute, mit dem Bau der neuen und jetzigen Kirche beauftragt. Poelaert orientierte sich bei der Gestaltung an den französischen Gotteshäusern aus dem 16. Jahrhundert, die eine gotische Struktur mit Elementen des Barocks und der Renaissance auszeichnen.

Sainte-Catherine

Nach Kulturzentren, Museen, Theatern, Bierkultur und Wandbildern endet unser Spaziergang nun hier an der **Place Sainte-Catherine,** sodass man die Qual der Wahl hat: Kirche, Kunst oder Kroketten?

5

Start/Ziel: Place de Brouckère, 1000 Brüssel
Länge: ca. 4,5 Kilometer
Dauer: ca. 2 Stunden
ÖPNV: Haltestelle De Brouckère
Parken: Interparking Brussels – Parking Brucity, Rue de l'Evêque 1, 1000 Brüssel

UNTERWEGS ENTDECKT

1. Théâtre Royal de la Monnaie (Opernhaus)
2. Musée de la Banque National
3. Centre Belge de la Bande Dessinée (Comiczentrum)
4. Colonne du Congrès
5. Place de la Liberté
6. La Brabançonne (Denkmal)
7. Rue Royale
8. Jardin Botanique
9. Notre-Dame du Finistère
10. Place des Martyrs
11. Passage du Nord

ESSEN + TRINKEN

Wolf, Rue du Fossé aux Loups 50, 1000 Brüssel, wolf.be (trendiger Food-Court mit viel Abwechslung, lässiges Ambiente)
Meyboom, Rue des Sables 39, 1000 Brüssel, Tel. +32 (2) 2 19 55 99 (uriges Restaurant mit Spaghettigerichten und Croque-Sandwichs)
Cabiria Piadina et Apéro, Rue Saint-Michel 35–37, 1000 Brüssel, Tel. +32 (4 87) 86 66 92, cabiria.be (Abstecher nach Italien, Apéro, traditionelle Piadina und weitere italienische Gerichte)

MARAIS & LIBERTÉS

Auf den Spuren der Belgischen Revolution

Anfang des Jahres 1830 war das Gebiet, das wir heute als Belgien kennen, unter der Herrschaft Königs Wilhelm I. ein Teil des Vereinigten Königreichs der Niederlande. Im Sommer desselben Jahres erlebte Belgien jedoch eine Revolution, die zur langersehnten Unabhängigkeit führte. Auf unserem Spaziergang durch die Viertel Marais-Jaqcmain und Libertés folgen wir den Spuren dieser bedeutenden Wochen, vom kuriosen Ursprung der Revolution während einer Opernaufführung bis zur Krönung des ersten belgischen Königs.

Wir starten an der **Place de Brouckère** und gehen zunächst ein kleines Stück in die begrünte Fußgängerzone Boulevard Anspach hinein. Gleich bei der nächsten Möglichkeit biegen wir nach links in die Rue de l'Evêque ab und folgen ihr, bis wir linker Hand das Brüsseler 1 **Théâtre Royal de la Monnaie** sehen. In dem Opernhaus mit der imposanten neoklassizistischen Fassade und dem an eine

Boulevard Anspach

Opernhaus La Monnaie

Münzprägeanstalt erinnernden Namen La Monnaie kam es am 25. August 1830 während der Aufführung der Oper „Die Stumme von Portici" zu Unruhen. Der Ruf „Vive la liberté" schallte hundertfach durch die Oper, da religiöse und kulturelle Differenzen sowie wirtschaftliche Ungleichheiten das Vereinigte Königreich der Niederlande spalteten. Nach der Vorstellung zogen die nach Unabhängigkeit strebenden Belgier durch die Stadt, während sich mehr und mehr Menschen dem Ruf nach Freiheit anschlossen. Die Revolution hatte begonnen.

Wolf Food-Market

Für uns geht es weiter links an der Oper vorbei durch die **Rue des Princes,** an deren Ende wir uns nach links in die Rue Léopold wenden. Aber auch auf dieser Straße bleiben wir nur kurz und biegen bald rechts in die Rue du Fossé aux Loups ab, wo wir schnell den Eingang zum wundervollen Food-Court **Wolf** entdecken. Ganze 17 Restaurants und zwei Bars haben für jeden Besucher etwas in petto, sei es Kaffee, Kuchen, Burger, Pasta, Veggie, Vegan, Sushi, Wein, Cocktails oder natürlich auch Bier.

Im Revolutionsjahr 1830 stand an dieser Stelle eine Druckerei, die die Tageszeitung Le National herausbrachte. Eine höchst umstrittene Zeitung wohlgemerkt, denn die redaktionelle Linie bestand ausschließlich darin, die Politik Wilhelms I. zu verteidigen. Die Belgier sahen sich in dieser Politik unterdrückt, in der Regierung wurden sie kaum repräsentiert und ihre Anliegen wurden nicht vertreten. Nachdem am 25. August 1830 die Aufständischen die Oper verlassen hatten, waren ihre ersten Ziele das Büro von Le National und das angrenzende Wohnhaus des Herausgebers Georges Libri-Bagnano. Über Nacht wurden Büro und Wohnhaus gestürmt und geplündert. Aus den Vorhängen

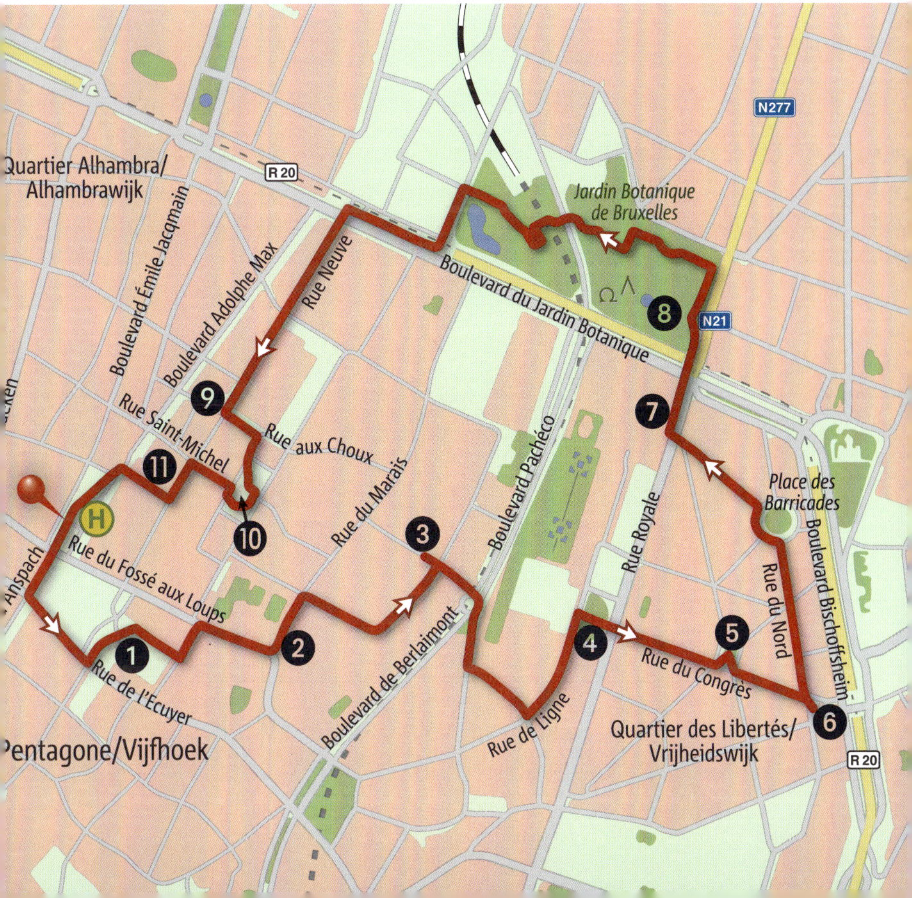

des Wohnhauses Libri-Bagnanos wurde Gerüchten zufolge eine Trikolore genäht, also eine französische Flagge.

Am Ende der Rue du Fossé aux Loups biegen wir links ab in die **Rue Montagne aux Herbes Potagères** und passieren das **2** **Musée de la Banque National.** In dem historischen Bankgebäude aus dem 18. Jahrhundert kann man in Simulationen gegen Inflationen ankämpfen, Risikokapital einschätzen oder dafür sorgen, dass Geldautomaten mit ausreichend Bargeld bestückt sind. Unseren Weg setzen wir durch die Rue Montagne aux Herbes Potagères fort und biegen bei der nächsten Möglichkeit rechts ab in die **Rue des Comédiens.** Hinter der folgenden Linkskurve befinden wir uns in der Rue Saint-Laurent. Nach wenigen Metern sehen wir auf der linken Ecke auch schon das Restaurant **Meyboom**, in dem es so gut wie nur Spaghetti gibt. Wenn man sich auf eine einzige Sache konzentriert, erreicht man in der Regel außergewöhnliche Ergebnisse. Dies trifft auch auf die Gerichte im Meyboom zu. Freunde der länglichen Pasta kommen also hier ganz sicher voll auf ihre Kosten.

In der Straße rechts vom Meyboom entdecken wir auf der wiederum rechten Seite ein von Victor Horta entworfe-

Restaurant Meyboom

Comiczentrum

nes klassisches Jugendstilgebäude, welches das belgische Comiczentrum ③ **Centre Belge de la Bande Dessinée** beherbergt. Wechselnde Ausstellungen und eine umfangreiche Bibliothek verdeutlichen dem Besucher, welchen außergewöhnlichen Stellenwert Comics in der belgischen Kultur einnehmen. Selbstverständlich darf in dieser Welt auch die Revolution nicht fehlen. 1980 erschien anlässlich des 150. Geburtstags Belgiens ein Comic namens „1830, La Révolution Belge“ von Jean-Luc Vernal und Franz (Drappier), für den sie zusammen mit dem Historiker Jo Gérard die Ereignisse detailliert aufbereitet haben.

Nachdem wir sodann die Treppen der **Rue des Sables** erklommen haben, stoßen wir am oberen Ende auf den skurrilen **Frachtcontainer** im Kreisverkehr. Wir gehen rechts um das balancierende Kunstwerk von Luc Deleu herum und folgen der nach oben führenden **Rue de la Banque.** Nach wenigen Metern biegen wir links in die Rue Montagne de l'Oratoire und bei der nächsten Möglichkeit wieder links in die Rue de Ligne, wo unser Blick direkt auf die Kongresssäule, 4 **Colonne du Congrès,** fällt. Nachdem sich infolge des geschichtsträchtigen Abends im Opernhaus am 25. August 1830 die Unruhen auf das gesamte belgische Gebiet ausgeweitet hatten, marschierten am 23. September niederländische Truppen in Brüssel ein, um die Aufstände niederzuschlagen. Die Belgier setzten sich jedoch massiv zur Wehr, sodass sich die niederländischen Soldaten nach 4 Tagen heftiger Kämpfe zurückziehen mussten. Nur 1 Woche später, 40 Tage, nachdem das erste „Vive la liberté" durch die Oper geschallt war, erklärte die eilig einberufene, provisorische Regierung die Unabhängigkeit Belgiens. Die Säule erinnert an die Einrichtung des ersten belgischen Nationalkongresses, der einen weiteren Monat später gewählt wurde. Auf der Säule thront Leopold I., der als neuer König ausgewählt wurde, weil er aufgrund seiner politischen Erfahrung und seiner Beziehungen besonders geeignet schien.

Monument Charles Rogier

Wir werfen von der Plattform noch einen Panoramablick auf Brüssel, bevor wir die Rue Royale hinter der Säule kreuzen und unseren Weg durch die **Rue du Congrès** fortsetzen. Nun befinden wir uns im Quartier des Libertés, dem Freiheitsviertel, und erreichen bald die 5 **Place de la Liberté,** die wie kein anderer Platz in Brüssel die Revolution symbolisiert. In deren Mitte treffen wir auf das **Monument à Charles Rogier,** der während der Revolution mit 300 weiteren Freiwilligen nach Brüssel geeilt war, um den Kampf für die Unabhängigkeit zu unterstützen. Im Anschluss gehörte er sowohl der vorläufigen Regierung an als auch später dem neu gebildeten Nationalkongress. Nach verschiedenen Positionen als Abgeordneter war er ab 1847 als

Frachtcontainer

Kongresssäule

BELGISCHE REVOLUTION UND UNABHÄNGIGKEIT

1815
Der Wiener Kongress legt fest, dass die ehemaligen österreichischen Niederlande (das heutige Belgien) mit dem Königreich der Niederlande vereinigt wird.

1828 bis 1830
Die Unzufriedenheit in Belgien wächst aufgrund sprachlicher, kultureller und politischer Unterschiede sowie großer wirtschaftlicher Probleme. Regierungsämter sind nahezu ausschließlich mit Niederländern besetzt.

25. August 1830
Eine Aufführung im Opernhaus führt zu Unruhen, die sich schnell auf ganz Belgien ausweiten.

23. September 1830
Niederländische Soldaten marschieren in Brüssel ein. Der Volkszorn schlägt in einen Aufstand um.

27. September 1830
Nach 4-tägigen Kämpfen zieht sich die niederländische Armee zurück.

4. Oktober 1830
Die provisorische Regierung erklärt die belgische Unabhängigkeit.

3. November 1830
Ein Nationalkongress wird gewählt.

7. Februar 1831
Der Nationalkongress verabschiedet die belgische Verfassung.

21. Juli 1831
Leopold von Sachsen-Coburg besteigt als erster König der Belgier den Thron.

Premierminister Belgiens im Amt. Dabei war Rogier keine unumstrittene Persönlichkeit. Seine Forderung, politische Ämter grundsätzlich nicht mit Flamen zu besetzen, die kein Französisch sprechen, kam verständlicherweise nicht überall gut an.

Wir spazieren noch ein wenig auf der Rue du Congrès weiter bis zum nächsten runden Platz. Dann biegen wir zwar scharf links in die Rue du Nord ab, aber dem Denkmal 6 **La Brabançonne** müssen wir kurz unsere Aufmerksamkeit widmen. Die Brabançonne ist das Lied von Brabant, die belgische Nationalhymne, die seit ihrer Entstehung im Revolutionsjahr 1830 allerdings schon einige Änderungen hinter sich hat. Die erste Fassung war extrem antiniederländisch, was Charles Rogier 1860 als Zeichen der Versöhnung ändern ließ. Heute gibt es die belgische Hymne auf Französisch, Niederländisch, Deutsch und inoffiziell sogar im wallonischen Dialekt. Bei offiziellen königlichen Anlässen wird sie dreisprachig intoniert. Französisch, Niederländisch und Deutsch wechseln sich bei jeder zweiten Textzeile ab.

Nun folgen wir der Rue du Nord zur **Place des Barricades,** die seit 1831 im Gedenken an die Revolution diesen Namen trägt. Während der Straßenkämpfe waren Barrikaden in Brüssel ein beliebtes Mittel, um die niederländischen Truppen zumindest vorerst auszubremsen. Wir gehen links am Rand des Platzes entlang, in dessen Mitte eine **Statue** den Mediziner **André Vésale** zeigt, der als größter Anatom der Renaissance gilt. An der Hausnummer 4 staunen wir, dass Victor Hugo seinerzeit eine Weile hier lebte, bevor wir nach links die Rue de la Sablonnière spazieren. Sobald wir erneut die 7 **Rue Royale** erreichen, die schon während der Revolution eine der wichtigsten Achsen der Stadt war, wenden wir uns nach rechts. An der nächsten Kreuzung werfen wir aus der Ferne noch einen Blick auf die Kirche **Royale Sainte-Marie de Schaerbeek,** die königliche Marienkirche aus dem 17. Jahrhundert, überqueren die Kreuzung und treffen links schon bald auf den Eingang zum Botanischen Garten, dem 8 **Jardin Botanique.**

Als am 23. September 1830 niederländische Soldaten über die Rue Royale ins Zentrum von Brüssel einmarschierten, war der 6 Hektar große Botanische Garten gerade mal 4 Jahre alt. Hier trafen die Niederländer auf die ersten Barrikaden und heftigen Widerstände. Zwar konnten die Truppen von König Wilhelm I. an dieser Stelle noch nicht gestoppt werden, aber spätestens hier wurde deutlich, dass die aufständischen Belgier für ihre Unabhängigkeit keinen Kampf scheuen würden. Nachdem wir den Botanischen Garten betreten haben, lassen wir die **Orangerie** rechts liegen und spazieren durch den Park hindurch, vorbei an Pflanzen aus aller Welt, darunter exotische Gewächse und heimische Arten. Zwischendurch müssen wir eine befahrene Straße überqueren, auf deren anderer Seite wir direkt wieder in den Park gelangen, und folgen weiterhin dem idyllischen Pfad.

La Brabançonne

Bei der **Rue Gineste** verlassen wir den Botanischen Garten am westlichen Ausgang und gehen nach links. Am großen **Boulevard du Jardin Botanique** angekommen, halten wir uns rechts und spazieren weiter bis zur futuristischen **Metrostation Rogier,** die natürlich nach dem Revolutionär und

Botanischer Garten

Orangerie

ehemaligen Premierminister Charles Rogier benannt ist. Wir überqueren den Boulevard du Jardin Botanique und folgen der quirligen Einkaufsstraße **Rue Neuve** geradeaus, bis wir rechter Hand auf die Kirche **9 Notre-Dame du Finistère** treffen, die im Barockstil des 18. Jahrhunderts erbaut wurde. Der Name gibt uns mit *finis terrae* bereits einen Hinweis, dass hier das Land zu Ende war, oder in diesem Fall, dass hier bis ins 17. Jahrhundert die Stadtgrenze verlief.

Nach dem Verlassen der Kirche gehen wir geradeaus in die **Rue aux Choux** und gleich bei der nächsten Möglichkeit nach rechts durch die kleine Rue des Roses. Nach wenigen Schritten eröffnet sich vor uns die imposante **10 Place des Martyrs.** Der Platz der Märtyrer erinnert an die Revolutionäre, die während der 4-tägigen Kämpfe den Niederländern zum Opfer gefallen waren. Ihnen zu Ehren wurde die damalige Place Saint-Michel in Place des Martyrs umbenannt. Das auffälligste Merkmal des Platzes ist das imposante Denkmal **Pro Patria,** das Denkmal für die Märtyrer der Revolution von 1830. Unten, rund um das Monument, verbirgt sich eine Krypta, in der einige der Märtyrer beigesetzt wurden. Auf dem Sockel des Denkmals

Metrostation Rogier

Rue Neuve

Notre-Dame du Finistère

thront die Freiheit, die gerade die 4 Septembertage des Jahres 1830 in das Goldene Buch einträgt. Mit den ersten Rufen nach Freiheit während der Aufführung von „Die Stumme von Portici" hatte alles begonnen. Es setzte sich eine Welle in Bewegung, die sich wie eine Sintflut über das ganze Land ergoss. Die darauffolgenden Wochen mit den blutigen Straßenkämpfen gegen die niederländischen Truppen, der langersehnten Ausrufung der Unabhängigkeit und der Wahl des ersten Nationalkongresses im Jahr 1830 markierten einen bedeutenden Wandel für die Belgier. Am 21. Juli 1831 wurde Belgien mit der Krönung von König Leopold I. endgültig zur heutigen konstitutionellen Monarchie. Aber das ist eine Geschichte für einen anderen Spaziergang.

Unsere letzten Meter führen uns in die **Rue Saint-Michel,** in die Freiheit und Löwe hineinblicken. Wir passieren das kleine Restaurant **Cabiria Piadina et Apéro,** wo hervorragende italienische Küche serviert wird, und wenden uns an der nächsten Kreuzung nach links in die Rue Neuve. Wenn wir achtsam sind, entdecken wir bald rechts die imposante 11 **Passage du Nord.** Die elegante Einkaufspassage wurde bereits 1882 eröffnet und ist damit eine der ältesten Passagen der Stadt. Hier können wir zum Ausklang unseres Spaziergangs an den Geschäften entlangschlendern und wenn wir die Passage verlassen, stehen wir wieder an unserem Ausgangspunkt, der Place de Brouckère.

Platz der Märtyrer

6

Start/Ziel: Ecke Boulevard Maurice Lemonnier/Rue de la Fontaine, 1000 Brüssel
Länge: ca. 3,5 Kilometer
Dauer: ca. 2 Stunden
ÖPNV: Haltestelle Lemmonier
Parken: BePark – Parking Gare du Midi (Park Inn Radisson), Rue de Hollande 4, 1060 Saint-Gilles

UNTERWEGS ENTDECKT

1. Marché aux Puces du Jeu de Balle (Flohmarkt)
2. Cité Hellemans
3. Rue des Capucins
4. Rue Blaes
5. Notre-Dame de la Chapelle
6. Standbild Pieter Bruegel
7. Rue Haute
8. Place de l'Epée
9. BD Spirou
10. Rue des Renards

ESSEN + TRINKEN

La Bonne Chère, Rue Notre-Seigneur 19, 1000 Brüssel, Tel. +32 (2) 5 23 75 55, labonnechere.be (Gault&Millau ausgezeichnet, mittags à la carte, abends Menü; Onlinereservierung unbedingt empfohlen)
Le Renard Bleu, Rue des Renards 3, 1000 Brüssel, Tel. +32 (2) 4 93 30 90 00 (unvergleichliches rustikales belgisches Restaurant; telefonische Reservierung auf Französisch empfohlen)
Le Wine Bar des Marolles, Rue Haute 198, 1000 Brüssel, Tel. +32 (2) 5 03 62 50, lewinebardesmarolles.be (außergewöhnlich gutes Essen, sehr charmantes Ambiente)

MAROLLES

Der berühmte Flohmarkt im bunten Viertel

Bei diesem Spaziergang erwartet uns viel Abwechslung. Das Viertel Marolles ist bunt, und das in jeder erdenklichen Hinsicht. Der jeden Vormittag stattfindende Flohmarkt ist bunt, die Antiquitätengeschäfte sind bunt, die Wände sind voller bunter Comics und oft überraschen sogar die Gehwege mit kleinen Kunstwerken. Im charmanten Arbeiterviertel ist die Place du Jeu de Balle der Mittelpunkt schlechthin, wo man sich auf Kaffee und Pastis trifft sowie das bunte Treiben auf dem Flohmarkt beobachtet.

Der **Boulevard Maurice Lemonnier** wurde nach dem ehemaligen Bürgermeister Charles Jean Maurice Lemonnier benannt, der bis heute vor allem für seinen Widerstand gegen die deutschen Besatzer im Ersten Weltkrieg verehrt wird. Im Süden ragt die **Tour du Midi,** der Südturm, in den Himmel, mit 140 Metern Belgiens höchstes Bauwerk. Wir blicken in die hier abzweigende Rue de la Fontaine und entdecken rechts von uns einen riesigen Gebäudekomplex. Im ehemaligen **Palais du Midi** hatte im 19. Jahrhundert eine

Südturm

6 MAROLLES

Boule und Bill

Wandbild Pieter Bruegel

Markthalle im nördlichen Teil ihre Heimat, der südliche Abschnitt war für Ausstellungen reserviert. Vieles hat sich seitdem geändert, nach diversen Umbauten beherbergt die einstige Markthalle heute eine Sporthalle, im Südteil hat eine Schule ihr Zuhause gefunden.

Vor dem Palais du Midi biegen wir in die **Rue de la Fontaine** ab, überqueren danach die **Avenue de Stalingrad** und gehen geradeaus durch den Tunnel unter den Bahngleisen. Im Tunnel sollten wir die Decke nicht übersehen, denn selbstverständlich wird eine solche Fläche in Brüssel nicht für langweilige weiße Wände verschwendet. Die wohlwollenden Vorfahren reichen sich die Hände und scheinen uns in den Marolles zu begrüßen. Hinter dem Tunnel gehen wir einfach geradeaus zwischen den Wohnhäusern hindurch und biegen dann rechts ab, vorbei an dem kleinen Sportplatz. So erreichen wir die Rue du Lavoir, der wir nach links folgen. An deren Ende wenden wir uns nach rechts und dann gleich wieder links in die **Rue du Chevreuil.** In Laufrichtung entdecken wir das Wandbild des schelmischen **Boule,** der gerade in Begleitung seines Hunds **Bill** mit einer Schubkarre voll neuer Spielzeuge vom Flohmarkt kommt. Wenige Meter später drehen wir uns kurz um und erblicken das **Wandbild von Pieter Bruegel,** dem Älteren. Der niederländische Maler der Renaissance, der viel Zeit in den Marolles verbrachte, war vor allem für seine Darstellungen des bäuerlichen Lebens im Herzogtum Brabant im 16. Jahrhundert bekannt.

Nur ein paar Schritte weiter erreichen wir Brüssels berühmtesten Flohmarkt **1 Marché aux Puces du Jeu de Balle.** Seit 1873 findet er ausnahmslos an jedem Vormittag statt, allein die Anzahl der Händler und deren Preise verändern sich. Bis zu 150 Verkäufer bieten uns Trödel,

Der berühmte Flohmarkt im bunten Viertel

Nippes, Schnäppchen, Ramsch und kleine Schätze an, am Wochenende meist doppelt so teuer wie wochentags. Der Platz wurde erst kurz vor dem Flohmarkt errichtet, nachdem 1853 eine Lokomotivfabrik an dieser Stelle abgerissen worden war. Nach dem Abriss der Fabrik spielten die baskischen Einwanderer hier Pelota, weshalb sich schnell der Name „Platz des Ballspiels" etablierte: **Place du Jeu de Balle.** Auch den berühmten Tin Tin, im Deutschen als Tim und Struppi bekannt, hat es im Comic „Das Geheimnis der Einhorn" auf den

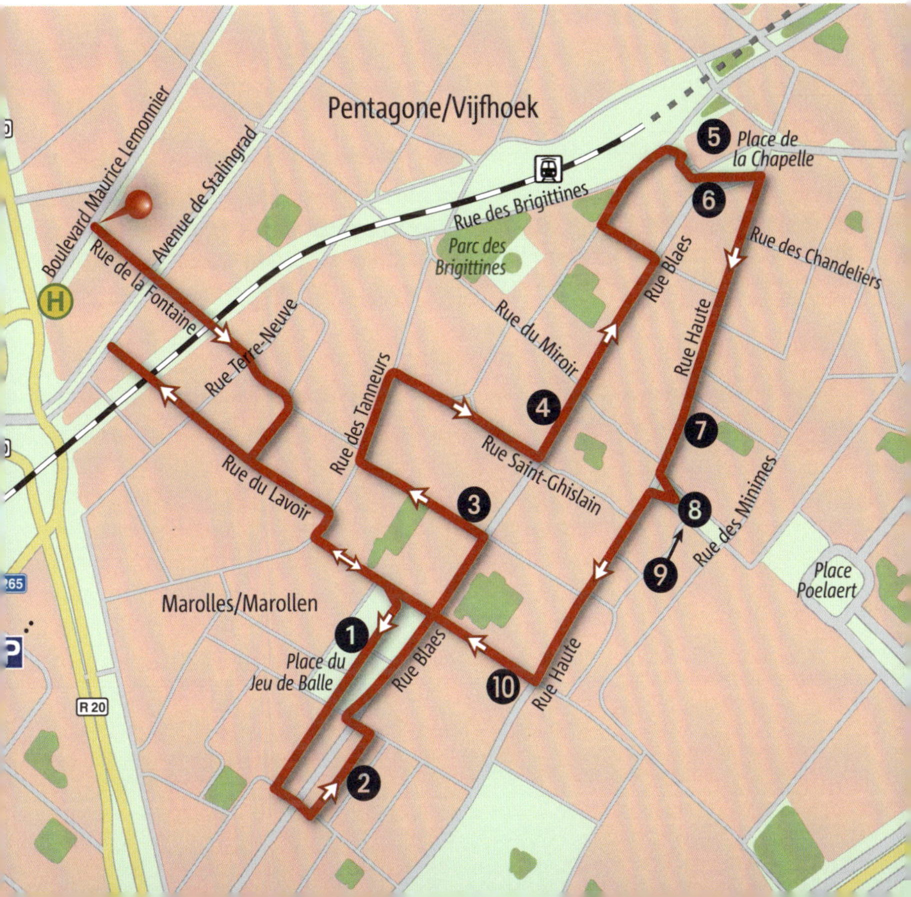

Jojo

La Patrouille de Castors

Flohmarkt verschlagen. Hier kauft Tim ein Modell eines Segelschiffs, was eine dramatische Kette von Ereignissen auslöst. Im Kinofilm „Die Abenteuer von Tim und Struppi: Das Geheimnis der Einhorn" von Steven Spielberg und Peter Jackson beginnt die Geschichte ebenfalls auf diesem Flohmarkt.

Nun geht es nach rechts und einfach mitten durch die Flohmarktstände – was für ein ganz besonderes Flair. Zwischendurch entdecken wir auf der rechten Seite die Kirche **Notre-Dame Immaculée** aus dem 19. Jahrhundert. Ursprünglich von den Kapuzinern gegründet, handelt es sich heute um eine katholische Pfarrkirche, in der Gottesdienste auf Spanisch stattfinden. Die spanischstämmigen Marolliens machen immerhin einen nicht unwesentlichen Teil der Bevölkerung des Viertels aus. Am Ende des Flohmarkts steuern wir die **Rue de la Plume** an. Wir folgen dieser Pflaumenstraße, vorbei am Teesalon Yasemin mit dem besten Minztee weit

Cité Hellemans

und breit bis zum Wandbild von **Jojo.** Der kleine Jojo lebt bei seiner Oma und wie immer hat er mit seinem Freund Gros Louis nur Schabernack im Sinn.

Bei Jojo biegen wir links ab und schlendern in Richtung der auffällig einheitlichen Gebäude auf der linken Seite. Bevor wir links in die Gasse Rue des Orfévres abbiegen, drehen wir uns noch kurz um und erblicken das Wandbild **La Patrouille de Castors.** Seit 2003 begrüßen hier Falke und Tapir, zwei Protagonisten der Biberpatrouille des belgischen Comicautors MiTacq, vorbeiziehende Spaziergänger. Nun gehen wir in die **Rue des Orfévres** und sind mitten in der 2 **Cité Hellemans.** Die Blocks im Art-nouveau-Stil waren 1914 die ersten Sozialwohnungen in Brüssel. In den Marolles mussten wenige Jahre zuvor ganze Straßenzüge dem Bau des pompösen Justizpalasts weichen, weshalb die Wohnungsnot groß war. Im Auftrag der Stadt wollten die Architekten Émile Hellemans und Fernand

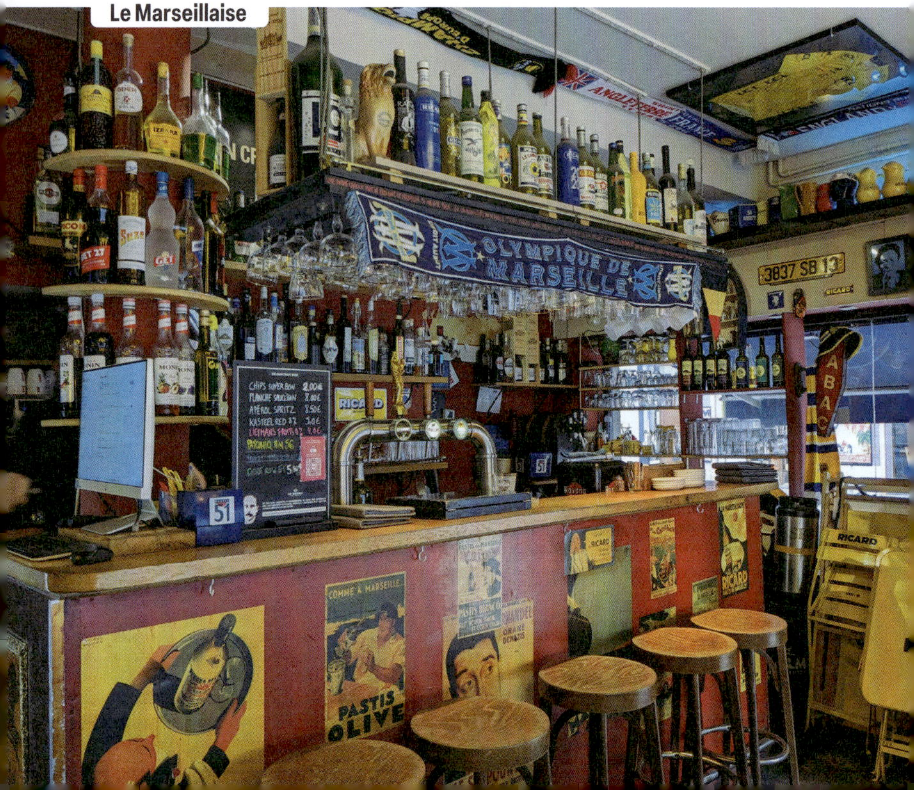

Le Marseillaise

Brunfaut mit diesem Projekt dem Wohnungsmangel entgegenwirken. Es entstanden insgesamt 272 Wohneinheiten, allesamt ausgestattet mit fließendem Wasser, was damals keine Selbstverständlichkeit war. Etwa 100 Jahre nach ihrer Entstehung wurden die Blocks umfassend renoviert, werden aber bis heute als Sozialwohnungen von der Stadt verwaltet.

Am Ende der Gasse wenden wir uns nach links und kommen wieder zum Flohmarkt. Wir bleiben auf der rechten Seite und passieren einen kleinen Hof. Hier erwarten uns gleich mehrere Kunstgalerien, ein Abstecher kann sich also durchaus lohnen. Wir gehen weiter zur rechten hinteren Ecke des Platzes, wo sich die Brasserie La Brocante mit ihrer schattigen Terrasse und die urige Bar Le Marseillaise gegenüberstehen. Das unprätentiöse **Marseillaise** ist vor allem für seine ungewöhnlich große Auswahl an Pastis bekannt. Will man sich den hiesigen Gepflogenheiten anschließen und zur Stärkung am Vormittag einen Kaffee mit dem Anisschnaps an der Theke trinken, kann man aus über 80 Sorten auswählen. Die Brasserie **La Brocante** hingegen besticht mit köstlichen Sandwichs, die man auf der Terrasse mit Blick auf das bunte Treiben des Flohmarkts verspeisen kann.

Zwischen Marseillaise und Brocante setzen wir unseren Weg durch die für das Viertel typische **Rue Blaes** fort und biegen bei der nächsten Gelegenheit links ab in die **3 Rue des Capucins,** wo uns ein Abstecher in die Welt der Comics erwartet. Wir achten auf die Ecke des ersten Hauses auf der linken Seite, wo uns **Leonardo** ins Auge springt, der gerade den Justizpalast aus genau unserem jetzigen Blickwinkel malt. Seit 1975 verbringt Leonardo aus Vinci in den gleichnamigen Comics von Bob de Groot und Philippe

Blondin und Cirage

Odilon Verjus

(Turk) Liégeois seine Zeit hauptsächlich mit dem Erfinden der kuriosesten Dinge. Meist endet es in Unfällen, Explosionen und anderen Dramen, dessen Opfer fast immer Leonardos zerstreuter Assistent Basile ist. Dass Basile Leonardo auf diesem Wandbild einfach nur beim Malen zusehen darf, ist ihm wahrscheinlich eine willkommene Abwechslung.

Wir folgen der Straße weiter nach unten und entdecken schnell **Blondin und Cirage,** die ein Marsupilami gefangen haben, das sich als überaus gefräßig herausstellt. „Blondin und Cirage" ist eine ziemlich außergewöhnliche Comicreihe, weil sie indirekt sehr politisch ist. Schon seit 1939 erleben die beiden zusammen ihre Abenteuer, also zu einer Zeit, als der Kongo vom belgischen König Leopold II. kolonialisiert war und Afrikaner meist wie große, nicht allzu kluge Kinder dargestellt wurden. Der Zeichner Joseph (Jijé) Gillain wollte dem entgegenwirken und veröffentlichte die Geschichten des etwas einfältigen Blondin und des cleveren dunkelhäutigen Cirage in einer katholischen Kinderzeitung, ohne das Thema jemals direkt anzusprechen.

Ein wenig weiter die Straße hinunter treffen wir links auf **Odilon Verjus** und Laurent Boismenu. Beide sind Geistliche, Laurent ist streng gläubig, während Odilon jedoch ein windiger ehemaliger Zuhälter ist. Seit 1996 erleben sie dank Laurent Verron und Yann Le Pennetier jede Menge Abenteuer. Auf dem Wandbild vor uns retten sie gerade Josephine Baker und ihren Leoparden im Berlin der 1930er-Jahre. Bei der nächsten Gelegenheit biegen wir rechts ab und gleich wieder rechts in die **Rue Saint-Ghislain.** Bei der Hausnummer 40 fällt uns die in Brüssel so weit verbreitete Jugendstilarchitektur auf. In diesem Fall ist das Gebäude eine vom Jugendstilpionier Victor Horta entworfene Schule. Wir folgen der Rue Saint-Ghislain weiter nach oben, bis wir wieder die 4 **Rue Blaes** erreichen und wenden uns nach links. Dort schlendern wir zwischen den für die Marolles typischen Antiquitäten- und Trödelgeschäften entlang, die sich hervorragend anbieten, wenn man auf der Suche nach etwas ausgefalleneren Souvenirs ist.

Fliesenbilder

6 MAROLLES

Standbild Pieter Bruegel

An der zweiten Kreuzung achten wir nicht mehr nur auf Schaufenster, sondern lassen unseren Blick auch eine Etage höher schweifen, wo wir das Wandbild **Quick und Flupke** entdecken, zwei waschechte Marolliens aus der Feder des berühmten Zeichners Hergé. Anders als die meisten Comichelden reisen sie nicht um die Welt, um Abenteuer zu erleben, sondern das Abenteuer kommt zu den beiden Schlawinern in die Marolles. Unterhalb von Quick und Flupke versteckt sich relativ unscheinbar der Eingang zum Gault&Millau-gekrönten Restaurant **Le Bonne Chère,** eine ausgezeichnete Adresse für hungrige Spaziergänger, die sich gehobene Küche zu durchaus moderaten Preisen gönnen möchten.

Bei Quick und Flupke spazieren wir in die kleine Gasse **Rue Notre-Seigneur** nach unten, an deren Ende wir auf der linken Seite das Kulturzentrum **Les Brigittines** entdecken, das, wie so oft in Brüssel, die historische Architektur mit der modernen verbindet. Vor dem Eingang achten wir auf den Boden, wo wir eines der kuriosen **Fliesenbilder** entdecken, über die wir

BUNTE KUNST AUF DEM GEHWEG

Was als privates Projekt der Künstlerin Ingrid Schreyers im nördlichen Brüsseler Stadtviertel Schaerbeek begann, breitete sich im Laufe der letzten Jahre auf die ganze Stadt aus. Mittlerweile wird das Projekt von der Stadt unterstützt und für eine Gebühr zwischen 30 und 70 Euro kann man sich als Anwohner für ein solches Fliesenbild anmelden. Koordiniert wird die Verlegung vom Straßen- und Tiefbauamt der Gemeinde Brüssel und wer sein Bild künstlerisch nicht selbst erstellen kann, der erhält Unterstützung von einheimischen Künstlern. Am beliebtesten sind dabei Motive von Haustieren, weshalb in den letzten Jahren immer mehr Hunde, Katzen und Wellensittiche ihren Platz auf den Gehwegen gefunden haben. Aber auch Boote, Häuser, Fische, Blumen und Gesichter finden sich und manch ein Bild scheint einfach nur eine grinsende Ananas zu sein. Es lohnt sich also in der ganzen Stadt, auch ab und zu mal nach unten zu schauen.

nicht nur in den Marolles, sondern in der ganzen Stadt immer wieder stolpern.

Wir lassen das Kulturzentrum hinter uns und spazieren rechts der Grünfläche weiter bis zur imposanten Kirche 5 **Notre-Dame de la Chapelle.** In dem wirklich sehenswerten 1134 errichteten gotisch-romanischen Bauwerk finden Besucher die Grabstätte des Malers Pieter Bruegel des Älteren. Mit dem Rücken zur Kirchentür gehen wir nach links und entdecken 6 **Pieter Bruegel** bald wieder, diesmal als **Standbild,** wo er gerade ein Bild zu malen scheint. Wir flanieren noch ein Stück weiter nach oben, vorbei an einladenden Restaurantterrassen, und wenden uns dahinter nach rechts in die 7 **Rue Haute,** die Hauptschlagader der Marolles. Der Verlauf der Rue Haute (Obere Straße) geht bis in die Zeit der Römer zurück, als Brüssel als Stadt noch gar nicht existierte. Ab dem 19. Jahrhundert entwickelten sich die Marolles zu einem extrem dicht besiedelten Arbeiterviertel. Abgehend von der Rue Haute gab es damals 35 eng bebaute Sackgassen, von denen aber nur noch sehr wenige erhalten sind. Dafür befinden sich heute auf der geschichtsträchtigen Straße umso mehr Restaurants, Cafés, urige Antiquitätengeschäfte und bunte Secondhandshops, in denen man stundenlang stöbern kann. Während wir über die beliebte Meile spazieren, fällt unser Blick linker Hand bei der Hausnummer 132 auf das **Bruegelhuis,** in dem der Maler seinerzeit lebte und arbeitete.

Place de l'Epée

Bald erreichen wir die 8 **Place de l'Epée,** von der ein Aufzug nach oben zum Justizpalast fährt. Bei dem gleichwohl imposanten wie monströsen Gerichtsgebäude kommen wir während unseres Spaziergangs Royal und Mont

Spirou

des Arts vorbei, aber natürlich kann man auch an dieser Stelle einen Abstecher zum Justizpalast und der Aussichtsplattform einbauen. Mit dem Aufzug gelangt man gratis nach oben, einfach einsteigen. Wir drehen eine kleine Runde über den Platz und entdecken ein Wandbild, auf dem der berühmte 9 **Spirou** versucht, sich gegen die aufdringlichen Verkäufer auf dem Flohmarkt zu wehren. Unter Comiczeichnern ist dieses Wandbild besonders beliebt, da die Verkäufer Karikaturen verschiedener Drehbuchautoren und Zeichner von Spirou sind.

Bevor wir über die Rue Haute gemütlich weiterschlendern, schauen wir noch einmal dahin zurück, wo wir herkamen, und erspähen den kleinen **Benoît Brisefer,** auch bekannt als Benni Bärenstark, der gerade mithilfe seiner Superkräfte versucht, einen entwischten Ballon einzufangen. Wir folgen der Rue Haute und werfen bei der Hausnummer 184 einen Blick in einen der selten gewordenen Zugänge zu den historischen Sackgassen. Nur kurze Zeit später passieren wir die beliebte **Wine Bar des Marolles,** wo man auf der Suche nach ei-

Benni Bärenstark

ner außergewöhnlich guten Küche und einer sehr erlesenen Weinkarte ganz sicher fündig wird.

Wir folgen der Rue Haute, bis wir rechts auf die malerische 10 **Rue des Renards** treffen, in der wir den Hauch einer Idee erlangen, wie das Viertel vor 200 Jahren ausgesehen haben mag. In einem roten Haus aus dem Jahr 1649 auf der linken Seite finden wir mit dem **Renard Bleu** ein gastronomisches Erlebnis wie aus einer anderen Zeit. „Der blaue Fuchs" ist kein normales Restaurant. Geht man hinein, betritt man Laurents Küche. Die Speisekarte wird immer wieder neu von Hand geschrieben, je nachdem, was es gerade gibt. Das Essen ist zwar kein Schnäppchen, aber die hervorragende Qualität ist jeden Cent wert und die beispiellos authentische Wohnzimmeratmosphäre rundet das kulinarische Erlebnis ab.

Rue des Renards

Am unteren Ende der Rue des Renards kommen wir wieder am **Flohmarkt** an, rechts von uns lockt **La Brocante** erneut mit Sandwichs. Nach einem Spaziergang durch dieses etwas andere Brüsseler Viertel mit besonderen Wohnungen, besonderen Comics, besonderen Mosaiken und besonderen Restaurants hat man sich mindestens einen Kaffee mit Blick auf das bunte Treiben auf dem Flohmarkt verdient. Um zum Ausgangspunkt zurückzukommen, gehen wir geradeaus am Flohmarkt vorbei, durch die **Rue du Chevreuil** und passieren erneut Pieter Bruegel, um dann rechts und gleich wieder links in die Rue du Lavoir abzubiegen. Diesmal halten wir uns einfach geradeaus, so kommen wir durch einen weiteren bunten Tunnel hindurch, der die Hauptdarsteller der Milchstraße zeigt. Hinter dem Tunnel spazieren wir ein kleines Stück nach rechts über die Avenue de Stalingrad und biegen bei der nächsten Gelegenheit links ab. Schon erreichen wir wieder den **Palais du Midi** und sehen links den Südturm.

7

Start: Place Louise, 1000 Brüssel
Ziel: Parvis de Saint-Gilles, 1060 Saint-Gilles
Länge: ca. 5,5 Kilometer
Dauer: ca. 3 Stunden
ÖPNV: Haltestelle Louise; am Ziel: Haltestelle Parvis Saint-Gilles
Parken: ParkBee The Hotel Brussels, Boulevard de Waterloo 38, 1000 Brüssel

UNTERWEGS ENTDECKT

1. Avenue Louise
2. Hôtel Otlet
3. Hôtel Albert Ciamberlani
4. Hôtel Tassel
5. Maison Roosenboom
6. Maison Hankar
7. Rue du Bailli
8. Musée Horta
9. Maison Hannon
10. Avenue Jef Lambeaux
11. Administration de Saint-Gilles (Rathaus)
12. Parvis de Saint-Gilles

ESSEN + TRINKEN

Comptoir Garcin, Rue Dejoncker 25, 1060 Saint-Gilles, Tel. +32 (4 56) 15 85 52, garcin.be (hohe Qualität zu angemessenen Preisen, moderne und charmante Einrichtung)
Brasserie Verschueren, Parvis de Saint-Gilles 11, 1060 Saint-Gilles, Tel. +32 (2) 5 39 40 68, verschu.be (historische Brasserie mit exklusivem Bier und Häppchen in urigem Ambiente)

LOUISE & SAINT-GILLES

Eine elegante Avenue und viel Jugendstil

Geschwungene Linien, florale Verzierungen, Erker, Oberlichter und Sgraffiti. Im späten 19. Jahrhundert vereint der belgische Architekt Victor Horta Architektur und Kunst. Was er damit anstößt, ist nicht weniger als der Jugendstil, der bis heute in Brüssel, aber auch weit über die belgischen Grenzen hinaus, bewundert wird. Auf diesem Spaziergang begegnen wir dem Jugendstil immer wieder zwischen neoklassizistischen Fassaden in historischen Straßenzügen, in charmanten Gassen und in hippen Szenevierteln.

Wir starten an der Metrostation Louise und bevor wir auf die ersten Jugendstilbauten treffen, spazieren wir ein wenig über die Brüsseler Shoppingmeile 1 **Avenue Louise.** Rund um den Stadtteil Louise mutet die Brüsseler Silhouette ein wenig seltsam an, denn auch wenn das Viertel etwa 5 Kilometer lang ist, ist es an dieser Stelle nur 14 Meter breit. Biegen wir hier links ab, sind wir sofort im Vorort Ixelles, wenige Schritte nach rechts bringen uns nach Saint-Gilles. Im alltäglichen Leben auf den Straßen merkt man davon aber nichts, nur ein Blick auf die Karte und das ein oder andere Straßenschild lassen den wissenden Passanten schmunzeln.

Bei der ersten Möglichkeit machen wir einen Abstecher nach rechts in die beschauliche **Rue Jourdan** mit den vielen Restaurants und sind damit schlagartig in Saint-Gilles. Die nächsten Meter werden ein echtes Schlemmerparadies, hungrige Spaziergänger sollten daher lieber etwas mehr Zeit einplanen. Dabei kann man bei der Auswahl des Restaurants oder Cafés eher nichts falsch machen, alle bieten hervorragendes Essen. An der nächsten Kreuzung biegen wir links ab in die **Rue Dejoncker.** Hier sticht vor allem das Restaurant **Comptoir Garcin** heraus, das mit einer außergewöhnlichen Qualität auf den Tellern begeistert.

Avenue Louise

Direkt an der nächsten Kreuzung biegen wir wieder links ab in die **Rue Jean Stas** und schlendern entlang der Boutiquen zurück zur Avenue Louise. Wir folgen ihr weiter nach rechts, passieren den Kreisverkehr und werfen kurz danach einen Blick auf das luxuriöse Hotel Steigenberger. Bei der dritten Abzweigung nach rechts biegen wir in die Rue de Florence ab und treffen an der nächsten Kreuzung rechter Hand auf das 2 **Hôtel Otlet.** Das Gebäude wurde 1894 vom Architekten Octave van Rysselberghe für den Juristen, Bibliografen und Unternehmer Paul Otlet entworfen und markiert den noch vorsichtigen Einstieg Van Rysselberghes in den damals sehr jungen Jugendstil. Von floralen Verzierungen und Sgraffiti ist hier noch nichts zu sehen, das wird sich aber ganz schnell ändern. Es lohnt sich also, auch immer mal wieder zwischendurch einen Blick hoch zu den Fassaden zu werfen.

Wir folgen der Rue de Florence noch bis zur nächsten Kreuzung weiter und nachdem wir links in die **Rue Veydt** abgebogen sind, sehen wir schon von Weitem die verspielte Fassade des 3 **Hôtel Albert Ciamberlani.** Das Stadthaus wurde im Jahr 1897 als Privatresidenz für den symbolistischen Maler Albert Ciamberlani auf Wunsch seiner Mutter erbaut. Die Architektur geht auf Paul Hankar zurück, wobei Ciamberlani persönlich die Entwürfe für die prächtigen allegorischen Sgraffiti an der Fassade lieferte. Mit Blick auf das Hôtel Ciamberlani setzen wir unseren Weg nach links fort, biegen direkt danach rechts ab in die Rue de

Hôtel Albert Ciamberlani

Maison Roosenboom

Livourne und machen einen kurzen Abstecher nach links in die **Rue Paul Émile Janson.** Auf der rechten Seite fällt uns das nächste bedeutende Jugendstilgebäude auf, das 4 **Hôtel Tassel.** Es ist eines der vier sogenannten Major Town Houses von Victor Horta. Seit dem Jahr 2000 gehört dieses Quartett zum UNESCO-Weltkulturerbe, da die Bauten zu den bemerkenswertesten Pionierarbeiten des Jugendstils gezählt werden.

Wir gehen ein Stück zurück und geradeaus weiter durch die Rue Paul Émile Janson. Schon von Weitem erblicken wir die Maison Roosenboom (oder Beukman) am Ende der Straße. Vorher jedoch richten wir unsere Aufmerksamkeit etwa auf halbem Weg nach rechts. Bei der Hausnummer 23 bis 25 entdecken wir nämlich das **Hôtel José Ciamberlani.** Der Bruder von Albert Ciamberlani ließ dieses Herrenhaus ebenfalls von Paul Hankar erbauen, mit Stallungen hinter dem Haus, da José ein großer Pferdeliebhaber war.

Nun geht es aber weiter bis zur 5 **Maison Roosenboom.** Dieses außergewöhnliche Gebäude trägt die Handschrift von Albert Roosenboom, einem talentierten Schüler Victor Hortas, dessen Einfluss unverkennbar ist. Als Mitglied einer angesehenen Malerfamilie aus den Niederlanden und ehemaligem Mitarbeiter in Hortas Atelier war Roosenboom zwar nur kurzzeitig dem Jugendstil verbunden, doch seine Gestaltungskompetenz und ästhetische Sensibilität sind in diesem Gebäude deutlich erkennbar. Mit Blick auf die Maison Roosenboom wenden wir uns nach rechts und biegen an der nächsten Kreuzung links in die **Rue Defacqz** ab. Hier treffen wir schnell auf der rechten Seite auf die herausstechende Fassade der 6 **Maison Hankar.** Der renommierte Architekt des späten 19. Jahrhunderts baute in dieser Gegend nicht nur Häuser für die Ciamberlanis, sondern auch sein Privathaus. Die Hausnummer 71 fällt daher selbst unwissenden Passanten sofort ins Auge.

An der nächsten Kreuzung wenden wir uns nach links in die **Rue Simonis** und steuern nun auf die lebhafte 7 **Rue du Bailli** zu, die ein gastronomisches Epizentrum und geheimes Szeneviertel in Brüssel ist. Es geht weiter nach rechts über die Rue du Bailli in Richtung **Dreifaltigkeitskirche.** Während wir rechts um die Kirche herumgehen, fällt

Rue du Bailli

Dreifaltigkeitskirche

uns schon bald ein sehr sonderbares Gebäude auf, dessen unterer Teil wie ein Stall aussieht. Genau das war es früher auch. Wo heute die beliebte Szenebar **Clair/Obscure** mit ihrem hervorragenden Kaffee und Mittagstisch beheimatet ist, wohnten einst Pferde. Wir spazieren rechts vom Pferdestall auf der Rue Africaine weiter bis zur nächsten Kreuzung und wenden uns dort nach rechts in die Rue Américaine. Schnell finden wir auf der linken Seite das 8 **Musée Horta,** ein Beispiel der Blütezeit des Jugendstils, in dem der Architekt seinerzeit sowohl lebte als auch arbeitete. Anders als die meisten Jugendstilbauten, an denen dieser Spaziergang vorbeiführt, kann man das Horta-Museum nicht nur von außen bewundern, sondern mit einem Onlineticket auch besuchen. Große Jugendstilfans sollten ein Kombiticket in Erwägung ziehen, das für das Horta-Museum und die Maison Hannon gilt, die wir später noch passieren.

Bar Clair/Obscure

VICTOR HORTA UND DER JUGENDSTIL

Victor Horta, geboren 1861 in Gent, gilt als führende Figur in der Jugendstilbewegung und prägte maßgeblich das architektonische Gesicht von Brüssel im späten 19. und frühen 20. Jahrhundert. Seine legendären Meisterwerke wie das Hôtel Tassel, das Hôtel Solvay und viele weitere Brüsseler Gebäude sind bekannt für ihre organischen Formen, geschwungenen Linien und floralen Verzierungen, die das Wesen des Jugendstils verkörpern. Hortas künstlerisches Erbe erstreckt sich aber weit über die Grenzen Brüssels und auch Belgiens hinaus und wurde von der UNESCO als Weltkulturerbe anerkannt.

Wenige Meter weiter auf der Rue Américaine stoßen wir auf der linken Seite auf das **Musée d'Art Fantastique.** Wer unschlüssig ist, ob sich ein Besuch lohnt, sollte nur kurz einen Blick in den Eingangsbereich werfen. Schon dort bekommt man einen sehr guten Eindruck davon, welche fantastische Kunst den Besucher erwartet.

Kurz hinter dem Museum wenden wir uns auf der **Chaussée de Charleroi** nach links. Wir spazieren ein gutes Stück geradeaus, kreuzen die Chaussée de Waterloo

Horta-Museum

Musée d'Art Fantastique

und entdecken danach rechts bei der Hausnummer 55 **Les Hiboux** mit dem auffälligen Sgraffito. Direkt dahinter erwartet uns die 9 **Maison Hannon,** die neben dem Horta-Museum eine der seltenen Gelegenheiten bietet, auch einen Blick ins Innere zu werfen. Das 1902 vom Architekten Jules Brunfaut entworfene Gebäude entging in den 1970er-Jahren in einem verwahrlosten Zustand nur knapp dem Abriss. Heute ist es im Besitz der Gemeinde Saint-Gilles und wurde um 2022 aufwendig restauriert sowie für Besucher zugänglich gemacht. Es bietet einen beeindruckenden Einblick in das Leben in einem Jugendstilgebäude Anfang des 20. Jahrhunderts und spiegelt im Inneren die Leidenschaften des Ehepaars Hannon für Botanik, Antike, Literatur und Japan wider.

Neben der Maison Hannon biegen wir in die **Avenue de la Jonction** ab und genießen ab hier in den kommenden Straßen die harmonische Architektur. An der Gabelung halten wir uns links und spazieren bei der nächsten Möglichkeit rechts in die **Rue Henri Wafelaerts.** Der malerischen Straße folgen wir bis zur Avenue Ducpétiaux. Als wir uns nach links wenden, glauben wir, ein Schloss zu entdecken. Weit gefehlt, die hübschen Türme gehören keineswegs zu einem romantischen Schloss, sie markieren den Eingang zum Gefängnis von Saint-Gilles. Drinnen dürfte es also weit weniger romantisch zugehen, als die Türme vermuten lassen.

Vor dem Gefängnis stehend, gehen wir geradeaus in die beschauliche 10 **Avenue Jef Lambeaux** mit den zahlreichen Jugendstilelementen um uns herum und schlendern nun schon auf die Rückseite des Rathauses von Saint-Gilles zu. Wenn wir links um das Rathaus herumlaufen, stoßen wir zwangsläufig an der Ecke auf die Brasserie **Moeder Lambic.** Falls gerade Zeit für eine Pause ist, bietet sich die Einkehr in eines der berühmtesten belgischen Brauhäuser natürlich an. Wir jedoch gehen weiter um das Rathaus herum in Richtung Haupteingang und erreichen den von Bäumen gesäumten Vorplatz des Rathauses, der 11 **Administration de Saint-Gilles.** Falls gerade Montag ist, öffnet hier ab 17 Uhr der beliebte Montagsmarkt seine

Rathaus Saint-Gilles

Stände. Einheimische schätzen ihn nicht nur wegen seiner frischen Produkte sowie außergewöhnlich guter Snackstände und Pommesbuden, sondern vor allem als After-Work-Treffpunkt.

Wir lassen das Rathaus hinter uns und machen uns über die **Avenue Paul Dejaer** auf den Weg nach unten. Hinter dem Kreisverkehr drehen wir uns kurz für ein Foto um, denn von hier aus hat man einen wunderschönen Blick auf die malerische Straße mit dem Rathaus am oberen Ende. Es geht weiter nach unten zum 12 **Parvis de Saint-Gilles,** dem Kirchplatz. Auf der rechten Seite finden wir wieder jede Menge Restaurants und Cafés, links sehen wir die noch recht junge Kirche von Saint-Gilles aus dem späten 19. Jahrhundert. Ihre Vorgängerkirche, die dem heiligen Gilles geweiht war, stand hier aber bereits seit dem 13. Jahrhundert. Der im deutschsprachigen Raum als Sankt Ägidius bekannte Beschützer der Rehe und Hirsche ist in einem Relief über der Kirchentür mit einem Reh zu sehen.

Rund um dieses Gotteshaus entwickelte sich im Laufe der letzten 8 Jahrhunderte das heutige Saint-Gilles. Zeitgleich mit der Weihung der aktuellen Kirche im Jahr 1880 eröffnete daneben bereits die **Brasserie Verschueren.** Für den Jugendstil war es noch ein paar Jahre zu früh, aber auch die neoklassizistische Fassade weiß durchaus zu beeindrucken. Die seit 2004 unter Denkmalschutz stehende, historische Brasserie ist nicht nur eine echte Institution in Saint-Gilles, sondern auch eng mit dem hiesigen Fußballverein Union Saint-Gilloise verbunden. Während Roger Verschueren in den 1950er-Jahren die Brasserie leitete, spielte sein Bruder Frans 13 Jahre lang als Außenverteidiger bei der Union.

Parvis de Saint-Gilles

Unser Spaziergang geht an dieser Stelle zu Ende, sodass wir bei einem Triple Verschu im Schatten der Bäume vor der Brasserie die letzten Stunden noch einmal Revue passieren lassen können. Immerhin sind wir mit den verspielten Fassaden der Häuser der Ciamberlanis von Paul Hankar, großen und kleinen Sgraffiti, Hortas Major Town Houses und charmanten Erkern verschiedenen Ausprägungen des Jugendstils begegnet. Mit dem Rücken zur Kirchentür kommt man über den Platz und immer der Rue Jourdan folgend in etwa 10 Minuten zurück zur Avenue Louise und auch zum Restaurant **Comptoir Carcin.** Wer ins Zentrum von Brüssel möchte, kann auch einfach am Platz hinunter zur Metro gehen und von dort zur Börse oder nach De Brouckère fahren.

8

Start: Square de la Bouteille, 1040 Etterbeek
Ziel: Place du Luxembourg, 1050 Ixelles
Länge: ca. 3,5 Kilometer
Dauer: ca. 2 Stunden
ÖPNV: Haltestelle Merode; am Ziel: Haltestelle Trône oder Bahnhof Bruxelles-Luxembourg
Parken: My Park, Rue des Ménapiens 18, 1040 Brüssel

UNTERWEGS ENTDECKT

1. Arc de Triomphe
2. Parc du Cinquantenaire (Jubelpark)
3. Square Ambiorix
4. Berlaymont-Gebäude
5. Europagebäude
6. Experience Europe
7. Parc Léopold
8. Maison de l'Histoire Européenne (Haus der Europäischen Geschichte)
9. Plenarsaal des Europäischen Parlaments
10. Station Europe
11. Parlamentarium
12. Place du Luxembourg

ESSEN + TRINKEN

Kitty O'Shea's, Boulevard Charlemagne 42, 1040 Brüssel, Tel. +32 (2) 5 88 42 35, kittyosheas.be (Irish Pub mit Guinness, Fish and Chips und Burgern, am Wochenende oft Livemusik)
The Vester Bar, Place du Luxembourg 13, 1050 Ixelles, Tel. +32 (2) 5 11 20 23, vester-bar.be (leicht gehobene belgische und internationale Küche mit Käseplatten, super Lage)

EUROPAVIERTEL & JUBELPARK

Streifzug durch das Herz Europas

Direkt neben dem Jubelpark schlägt das Herz Europas. Die hier ansässigen EU-Institutionen und deren 40.000 Mitarbeiter aus allen europäischen Ländern bringen ein ganz besonderes Flair ins Europaviertel mit seinen idyllischen Grünflächen und kosmopolitischen Restaurants. Wir durchstreifen dieses außergewöhnliche Viertel und entdecken die drei wichtigsten politischen Institutionen in Brüssel: die Europäische Kommission, das Europäische Parlament und den Rat der Europäischen Union.

Bevor wir das politische Zentrum Europas erreichen, gönnen wir uns noch eine Runde durch einen der schönsten Parks der Stadt. Wir starten am Brunnen des **Square de la Bouteille,** wo uns unmittelbar der imposante (1) **Arc de Triomphe** Brüssels erwartet. Während wir den Triumphbogen ansteuern, entdecken wir im linken Flügel des mondänen Gebäudekomplexes die **Autoworld** und das **Musée Royal d'Art & d'Histoire,** im rechten Flügel das **Musée**

Triumphbogen

Jubelpark

Royal de l'Armée. Letzteres beinhaltet auch den Zugang zum Dach des Triumphbogens, von dem man eine fantastische Aussicht auf ganz Brüssel hat.

Durch den Triumphbogen setzen wir unseren Weg fort und spazieren geradeaus in den Jubelpark, den 2 **Parc du Cinquantenaire.** Brüssels bekannteste Grünfläche wurde 1880 eröffnet, um das 50-jährige Jubiläum der belgischen Unabhängigkeit zu feiern. Auch das Gebäudeensemble rund um den Triumphbogen stammt aus dieser Zeit und symbolisiert die Unabhängigkeit sowie die Förderung der belgischen Kultur und Geschichte. Vor allem im Sommer ist es gut möglich, dass wir hier in ein Konzert, ein Festival oder eine andere kulturelle Veranstaltung hineinstolpern.

Wir schlendern durch den Park, verlassen ihn aber nicht, sondern biegen kurz vor dem Zaun rechts ab. Durch die Bäume steuern wir auf den **Horta-Lambeaux-Pavillon** zu, ein nicht sehr großes Gebäude im neoklassischen Stil mit griechischen Säulen, das mittlerweile als das kuriosesste Schlüsselloch der belgischen Hauptstadt gilt. Es war das erste Bauwerk, das Victor Horta in Brüssel erbauen ließ, dem aber noch viele weitere beeindruckende Jugendstilbauten folgen sollten. Horta entwarf diesen besonderen Pavillon 1889, um einen würdigen Rahmen für das einzige darin beheimatete Kunstwerk zu schaffen. Der belgische Bildhauer Jef Lambeaux wiederum schuf etwa zur selben Zeit das monumentale Relief **Les Passions Humaines,** das seinerzeit schon als Zeichnung einen Sturm der Entrüstung auslöste. Aller Aufregung zum Trotz fand das Werk seinen Weg in den dafür vorgesehenen Pavillon, der aber leider nur am Europäischen Tag des Denkmals öffentlich zugänglich ist. Jedoch entdecken wir an der Eingangstür das besagte Schlüsselloch, das eigentlich gar keines ist. Über dem Türgriff ist ein kleines Gitter angebracht, durch

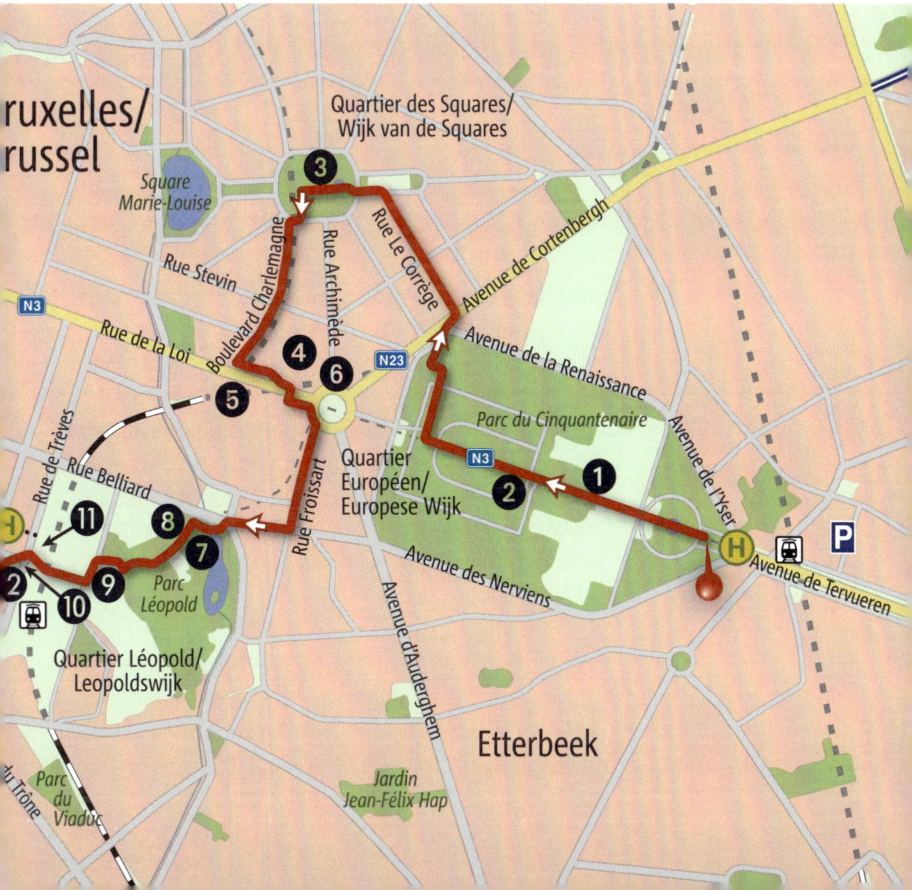

Square Ambiorix

das man zumindest einen Ausschnitt des einst heiß diskutierten Reliefs im Inneren erkennen kann.

Neben dem Pavillon umrunden wir die Moschee und verlassen den Jubelpark an einer Kreuzung. Ein winziges Stück setzen wir unseren Weg nach rechts über die **Avenue de Cortenbergh** fort und kommen an der Ampel links in die **Rue Le Corrège.** Malerische Wohnhäuser und die Kirche **Sacré-Coeur-de-Jesus** säumen unseren Weg bis zum Ende der Straße, wo wir uns nach links wenden und direkt auf den kleinen Park 3 **Square Ambiorix** zusteuern. Nun nimmt das Thema Europa an Fahrt auf, in dieser Gegend leben viele Menschen aus aller Welt, die in irgendeiner Form beruflich im Europaviertel zu tun haben. Mit gespitzten Ohren können wir daher im Park alle möglichen Sprachen hören.

Wir schlendern geradeaus mitten durch die Grünfläche und schauen dabei immer mal nach rechts. Dort blitzt zwischen den Bäumen ab und zu die **Maison Saint-Cyr** hervor, eines der extravagantesten Beispiele für den Brüsseler Jugendstil. Das schmale Haus sticht mit seinen aufwendigen Eisenarbeiten und der Balkonverzierung im obersten Stock als unverwechselbarer Blickfang heraus. An der **Statue des Pferds an der Tränke** wenden wir uns nach links und verlassen den Park. Leicht rechts vor uns beginnt nun schon der **Boulevard Charlemagne,** über den wir zwischen den Hotels entlangflanieren, in denen viele Businessreisende absteigen, wenn sie beruflich in Brüssel zu tun haben. Auch Pressevertreter quartieren sich hier gerne ein, denn die berühmteste Ecke des Europaviertels ist nur noch einen Katzensprung entfernt.

An der nächsten Kreuzung treffen wir schon auf das urige **Kitty O'Shea's,** in dem sich der ein oder andere Parlamentarier mittags Fish and Chips oder einen Burger gönnt. Nicht nur weil Kitty O'Shea's ein echt authentisches Irish Pub ist, sondern auch einfach weil das 4 **Berlaymont-Gebäude** schon in Sichtweite steht. Entlang der berühmten Flaggen, die für Fernsehberichte aus Brüssel regelmäßig als Hintergrund dienen, setzen wir unseren Weg fort. Der 1967

Berlaymont-Gebäude

Charlemagne-Gebäude

fertiggestellte Hauptsitz der Europäischen Kommission wurde nach dem Kloster Couvent des Dames du Berlaymont benannt, dessen Stiftsfrauen sich seit 1625 der Lehrtätigkeit in Brüssel widmeten. Die Europäische Kommission als politisch unabhängige Exekutive der EU trägt die Verantwortung für die Entwicklung von Vorschlägen für neue Rechtsvorschriften der Europäischen Union. Sie setzt die Entscheidungen des Europäischen Parlaments und des Rats der EU um und spielt somit eine entscheidende Rolle in der Gesetzgebung auf europäischer Ebene.

Obwohl sich die gesamte Europäische Kommission auf etwa 60 Gebäude im Europaviertel verteilt, gilt das Berlaymont-Gebäude als Symbol für die europäische Präsenz in Brüssel. Mit ihm zu unserer Linken, steht rechts von uns das gläserne **Charlemagne-Gebäude,** in dem ebenfalls Teile der Kommission untergebracht sind. Davor entdecken wir die Metrostation **Schuman,** benannt nach Robert Schuman, einem Vater der Europäischen Union.

An der vorderen Ecke des Berlaymont-Gebäudes angekommen, halten wir kurz an und unser Blick fällt geradeaus auf das außergewöhnliche 5 **Europagebäude** auf der anderen Straßenseite. Mit dem historischen, 1927 fer-

VOM SCHUMAN-PLAN ZUR EUROPÄISCHEN UNION

Am 9. Mai 1950 schlug der französische Außenminister Robert Schuman in einer Rede die Gründung einer europäischen Gemeinschaft für Kohle und Stahl vor. Diese Idee wurde als Schuman-Plan bekannt und gilt heute als Grundstein für die Europäische Union.

Schuman, 1886 als deutscher Staatsbürger im heutigen Luxemburg geboren, wurde 1919 Franzose, als Elsass-Lothringen ein Teil Frankreichs wurde. Im Zweiten Weltkrieg bat ihn Charles de Gaulle, an der Regierung mitzuarbeiten, wodurch er nach dem Krieg zum französischen Außenminister wurde. Zusammen mit dem französischen Unternehmer Jean Monnet erarbeitete er den heute berühmten Schuman-Plan, der 1950 vorgestellt wurde. Diese Initiative war ein Wendepunkt in der Geschichte Europas und legte den Grundstein für die wirtschaftliche Integration der europäischen Länder. Bis heute gilt der 9. Mai 1950 als Geburtsstunde der Europäischen Union und wird daher jährlich mit dem Europatag gefeiert.

Europagebäude

tiggestellten Gebäudeteil rechts und der nahezu ausschließlich aus Fensterrahmen bestehenden, zeitgenössischen Architektur links treffen hier zwei Welten aufeinander. Die Fassade des linken Gebäudeteils besteht aus 3750 restaurierten Fensterrahmen aus allen Ländern der EU. Heute tagt im Europagebäude der Rat der Europäischen Union, dem die Fachminister der Mitgliedstaaten angehören, die zu ihren jeweiligen Themen bei Bedarf nach Brüssel kommen. Wenn es um Wirtschaft und Finanzen geht, sind die Finanzminister der EU-Länder anwesend, handelt es sich um Agrarthemen, reisen die Agrarminister an und tagen zwischen den Fensterrahmen aus ganz Europa. Wir werfen noch einen Blick nach rechts die Straße hinab und erblicken die ebenfalls nicht ganz unbekannte bunte Wand **The Future is Europe.** Das 30 Meter hohe Wandbild des Künstlers NovaDead thront über der Hauptverkehrsader des Europaviertels und lässt jeden Besucher direkt wissen, was hier das Thema ist.

Unten links setzen wir unseren Weg um den Eingangsbereich des Berlaymont-Gebäudes herum fort, passieren Kennedys Porträt auf Teilen der ehemaligen Berliner Mauer und erklimmen hinter dem bekanntesten Präsidenten der USA die zweite Treppe hinauf zur Straße. Oben an der Kreuzung entdecken wir den auffälligen Schriftzug 6 **Experience Europe** auf der anderen Straßenseite hinter der Metrostation. Dahinter steckt ein neues Informationszentrum, das interaktiv und virtuell Einblicke in die wichtigsten politischen Themengebiete der Europäischen Kommission ermöglicht.

Nun wenden wir uns zum **Justus-Lipsius-Gebäude** auf der anderen Straßenseite neben dem Europagebäude, welches ebenfalls vom Rat der Europäischen Union genutzt wird. Weil die Tagungen der Räte seit 2017 im Europa-

The Future is Europe

gebäude stattfinden, sind im Justus-Lipsius-Gebäude heute hauptsächlich die Dienststellen der Generalsekretäre und das Pressezentrum beherbergt. Links vom Justus-Lipsius-Gebäude spazieren wir die **Rue Froissard** hinunter und biegen bei der zweiten Möglichkeit rechts ab in die **Rue Belliard.** Sobald links der 7 **Parc Léopold** auftaucht, gehen wir hinein. Seine Geschichte beginnt mit einem Gutshof im 15. Jahrhundert und ist seitdem ausgesprochen wechselhaft. Im Laufe der Jahrhunderte war der Park ein privater Lustgarten, ein zoologischer Garten, ein Rahmen für verschiedene wissenschaftliche Institute und eine Sekundarschule. Im heutigen Leopoldpark im Europaviertel kann man ganz hervorragend seine Freizeit mit Spazieren, Joggen oder Picknicken verbringen.

Leopoldpark

An dieser Stelle gibt es einen schnellen Weg und einen Schönwetterweg. Für den direkten Weg zu unserem nächsten Ziel, dem Haus der Europäischen Geschichte, der 8 **Maison de l'Histoire Européenne,** biegt man am Teich einfach rechts ab. Wer gerne noch ein wenig Natur genießen möchte, der geht links am Teich entlang und fast eine ganze Runde um ihn herum. Auf den letzten Metern um das Gewässer sieht man links schon wieder das Haus der Europäischen Geschichte. In einer Dauerausstellung und wechselnden Sonderausstellungen geht es bei freiem Eintritt immer um das, was der Name verspricht. Die Geschichte Europas wird vom ersten Gedanken daran im 19. Jahrhundert bis in unsere heutige Zeit der Europäischen Union chronologisch und sehr anschaulich dargestellt.

Haus der Europäischen Geschichte

Mit Blick auf den Eingang des Hauses der Europäischen Geschichte wenden wir uns nach links und folgen dem Weg hinauf. Wir halten uns rechts und steuern auf das Europäische Parlament im ovalen **Paul-Henri-Spaak-Gebäude** zu. Diskutiert und entschieden werden hier die Themen, die vom Rat der Europäischen Union erarbeitet wurden, bevor sie von der Europäischen Kommission umgesetzt werden. An jenem Ende des Ovals, an dem wir zuerst vorbeikommen, befindet sich der Besuchereingang. Da die Sitzungen öffentlich abgehalten werden, kann man sich als Besucher oben in den 9 **Plenarsaal des Europäischen Parlaments** setzen, der Plenarsitzung folgen und möglicherweise die Verabschiedung von Gesetzen erleben. Eintritt kostet der Besuch selbstverständlich nicht, da bliebe ja die Transparenz auf der Strecke, aber man muss sich ausweisen können und eine strenge Sicherheitskontrolle passieren. Ein Audioguide erklärt dem Besucher die Funktionsweise des Europäischen Parlaments und berichtet von den historischen Abstimmungen, die hier in der Vergangenheit stattfanden.

Das Oval umrunden wir noch ein Stück und biegen dann rechts über die Treppen in die Unterführung ab. Geradewegs erreichen wir 10 **Station Europe,** das als zentrales Informationszentrum und erste Anlaufstelle für Besucher des Europaviertels fungiert. Direkt rechts von Station

Europäisches Parlament

8 EUROPAVIERTEL & JUBELPARK

Station Europe

Europe finden wir auch schon das berühmte 11 **Parlamentarium.** Das innovative und interaktive Besucherzentrum ermöglicht bei freiem Eintritt einen einzigartigen Einblick in die Arbeit und die Rolle des Europäischen Parlaments. Für alle Politikinteressierten ist ein Besuch im Parlamentarium absolut empfehlenswert. In Multimediaausstellungen, einem 360-Grad-Kino und bei Simulationen komplexer Herausforderungen bei der Gesetzgebung auf europäischer Ebene werden die verschiedenen Institutionen und deren Arbeitsweise erläutert.

Damit stehen wir bereits auf der 12 **Place du Luxembourg,** gerne auch einfach als Plux bezeichnet. Abseits vom Berlaymont- und Europagebäude sowie dem Parlament ist die Plux das geheime Herz Europas. Wenn am späten Donnerstagnachmittag mit der Happy Hour die After-Work-Party startet, ist die Place du Luxembourg der zentrale Treffpunkt für alle, die im Europaviertel zu tun haben. Man ist mitten im Gewirr der Sprachen und es kann durchaus vorkommen, dass man sich plötzlich an der Pommesbude neben einem Minister wiederfindet. Für den etwas größeren Hunger wartet in der hinteren rechten Ecke des Platzes die **Vester Bar** mit Käseplatten, Steaks, Muscheln und anderen belgischen Spezialitäten auf hungrige Gäste. Falls heute Dienstag ist, dürfte der Platz vom Wochenmarkt dominiert werden, dann gibt es noch mehr Möglichkeiten zum Schlemmen.

Place du Luxembourg

Unser Spaziergang endet nun in diesem Zentrum der Herzen des Europaviertels. Neue Rechtsvorschriften mögen im Rat der EU erörtert, im Plenarsaal des Parlaments entschieden und von der Kommission umgesetzt werden, aber die Place du Luxembourg spielt sicherlich eine nicht unwesentliche Rolle bei diesem Prozess. Mit einer Tüte guter Pommes in der Hand diskutiert es sich einfach besser. Um zurück zum Ausgangspunkt und zur Haltestelle Merode zu gelangen, gehen wir vor dem Parlamentarium in die **Rue de Trèves** und biegen dann rechts in die **Rue Belliard** ab. Immer geradeaus erreichen wir so den Jubelpark. Zum Zentrum geht es aber auch schnell zu Fuß, über die **Rue du Luxembourg** braucht man nur etwa 10 Minuten zum Königspalast und zur Metrostation Trône.

9

Start/Ziel: Porte de Namur, Chaussée d'Ixelles 4, 1050 Brüssel
Länge: ca. 3 Kilometer
Dauer: ca. 2 Stunden
ÖPNV: Haltestelle Porte de Namur
Parken: Interparking Brussels – Parking Deux Portes, Boulevard de Waterloo 2 a, 1000 Brüssel

UNTERWEGS ENTDECKT

1. Chaussée d'Ixelles
2. Place Fernand Cocq
3. Administration Communale d'Ixelles (Rathaus)
4. BD Leopardenfrau
5. Rue de la Tulipe
6. MedexMuseum
7. Rue Longue Vie
8. Au-delà de l'Espoir (Skulptur)
9. Saint-Boniface d'Ixelles

ESSEN + TRINKEN

L'Épicerie Nomad, Rue Keyenveld 56, 1050 Ixelles, Tel +32 (2) 2 03 03 31, epicerie-nomad.be (besonderes Restaurant mit belgischer und internationaler Küche, Tapas und einer Weinbar, ausgezeichnete Qualität)
Contrebande, Place Fernand Cocq 6, 1050 Ixelles, contrebande-bar.be (Brasserie für Bier, Kaffee, Kuchen, Waffeln für den Hunger und Durst zwischendurch)
Sounds, Rue de la Tulipe 28, 1050 Ixelles, sounds.brussels (Jazzklub mit Livemusik, Bier, Wein, Cocktails und belgischen Tapas)

MATONGÉ

Ein neues Szeneviertel entsteht

Matongé, das klingt nach Afrika. Richtig, denn dort kommt der Name her, den auch dieses angesagte Viertel trägt. Matongé ist ein Stadtviertel von Ixelles, das zur Region Brüssel-Hauptstadt gehört. Geprägt wurde das Stadtbild von Matongé vor allem im 19. Jahrhundert durch einen riesigen Umbau und durch die Einwanderung nach der Kolonialzeit. Seit einigen Jahren entwickelt sich Matongé mehr und mehr zum Szeneviertel mit charmanten Plätzen, hippen Bars und spannenden Gastronomieprojekten.

Wir starten an der **Porte de Namur,** der Grenze zwischen der Stadt Brüssel und Ixelles, und spazieren neben der Metrostation in die **1 Chaussée d'Ixelles** hinein, die zu den ältesten Verkehrsadern der Region gehört und bereits 1459 gepflastert wurde. Anfang des 19. Jahrhunderts war Ixelles noch ein von Landwirtschaft geprägtes Dorf und grenzte nicht einmal an die Stadt Brüssel. Jedoch wuchs Brüssel unter anderem dank der Industrialisierung rasant, sodass die Lücke zwischen Ixelles und der Brüsseler Stadtgrenze in-

Porte de Namur

Geburtshaus Audrey Hepburn

nerhalb weniger Jahrzehnte bebaut wurde. Das so entstandene Viertel Matongé, in dem wir bei diesem Spaziergang unterwegs sind, wurde zum Zuhause von Arbeitern, Künstlern und Einwanderern. Die Chaussée d'Ixelles entwickelte sich zur Amüsiermeile und in den damaligen Bars, Kabaretts und Theatern soll schon Henri de Toulouse-Lautrec gerne Zeit verbracht haben.

An der Gabelung halten wir uns rechts, schlendern noch ein wenig weiter über die Shoppingmeile und biegen bei der nächsten Möglichkeit rechts in die **Rue du Berger** ab. Mit dem angesagten Café **Wokr17** auf der rechten Seite, das einen wunderschönen Innenhof hat, zei-

Rue Keyenveld

gen sich schon hier die ersten Spuren des heutigen Szeneviertels. Am Ende der Rue du Berger gehen wir links in die **Rue Keyenveld** und stoppen kurz bei der Hausnummer 48, wo die legendäre **Audrey Hepburn** geboren wurde.

Gleich an der nächsten Ecke stoßen wir auf ein Restaurant mit einem ganz besonderen Ambiente, das die derzeitige Entwicklung des Viertels perfekt widerspiegelt. **L'Épicerie Nomad** war über drei Jahrzehnte lang ein Lebensmittelladen *(épicerie)*. Der renommierte Koch Jean Callens, der vor einigen Jahren hier vorbeikam, verliebte sich in den Laden und entschied, dass es genau der richtige Ort für sein neues Restaurant wäre. Er überzeugte den leidenschaftlichen, aber nicht mehr ganz jungen Besitzer der Épicerie, Mongkhon Tangton, nicht nur mit Geld, sondern

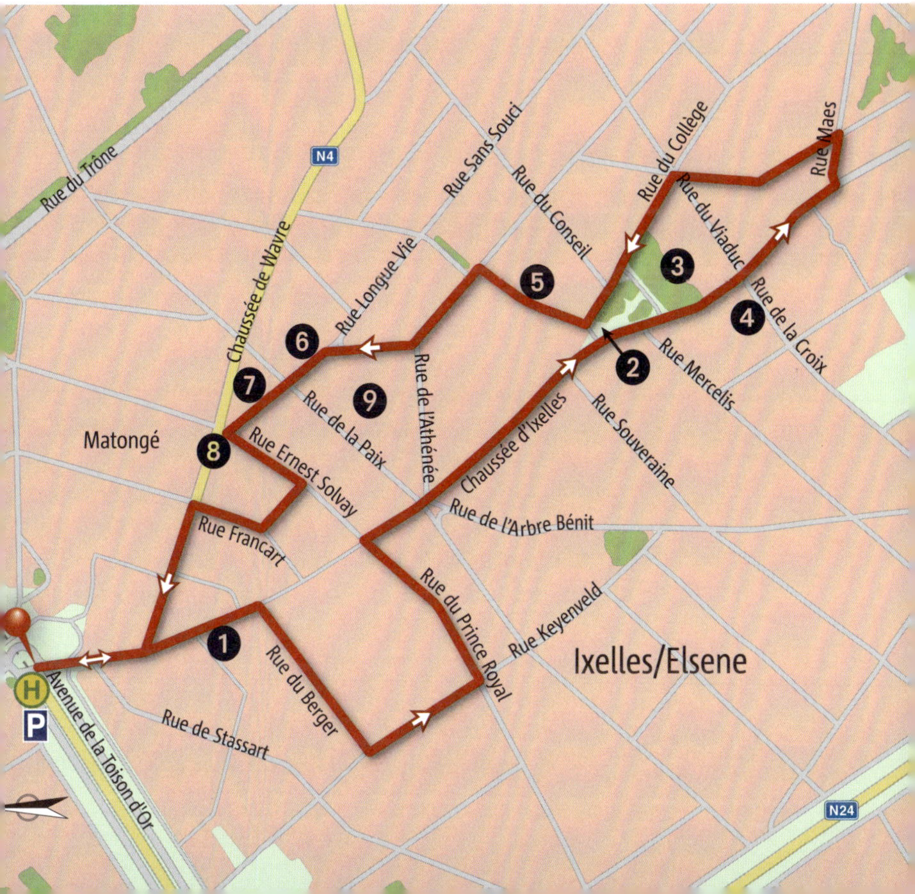

Place Fernand Cocq

vor allem mit dem Versprechen, die Traditionen von Mongks Lebenswerk zu bewahren. Im heutigen Restaurant findet man daher nicht allein außergewöhnlich gutes Essen, sondern auch viele Erinnerungen an Mongks Épicerie.

Hier biegen wir links ab in die **Rue du Prince Royal** und spazieren zwischen modernen Gebäuden, neoklassizistischen Wohnhäusern und sogar einem Hauch von Jugendstil zurück zur Chaussée d'Ixelles. Wir wenden uns nach rechts und schlendern durch die Fußgängerzone bis zur malerischen 2 **Place Fernand Cocq.** Der Unternehmer und Politiker Fernand Cocq prägte im späten 19. und frühen 20. Jahrhundert das heutige Stadtbild von Ixelles. Sobald wir den Platz erreichen, sehen wir auf der rechten Seite das **Contrebande** mit einer etwas untypischen Bierauswahl. Die Brasserie hat es sich zur Aufgabe gemacht, nicht nur die großen Produzenten, sondern vor allem die sehr kleinen Brauereien zu unterstützen. Neben einer ausgefallenen Bierkarte gibt es aber auch Kaffee und Kleinigkeiten zu essen.

Auf der rechten Seite spazieren wir über die Place Fernand Cocq weiter in Richtung Malibran-Pavillon, in dem heute das Rathaus, die 3 **Administration Communale d'Ixelles,** seine Heimat hat. Die Opernsängerin und Komponistin Maria Malibran und ihr Mann, der Violinist Charles-Auguste de Bériot, ließen das neoklassizistische Gebäude 1832 als Familiensitz errichten. Nach dem frühen Tod von La Malibran verkaufte Bériot das Anwesen 1849 an die Gemeinde Ixelles, die sich zu diesem Zeitpunkt mitten im städtebaulichen Wandel befand. Seither wird das Gebäude als Rathaus genutzt, allerdings steht im Inneren bis heute ein Klavier der ersten großen Diva der Operngeschichte. Nachdem wir rechts am Rathaus vorbeigegangen sind, blicken wir kurz in die **Rue de la Croix** mit dem Wandbild von Spirous Freundin, der 4 **Leopardenfrau,** die im Jahr 1946 über den Dächern von Brüssel auf der Flucht vor seltsamen Kreaturen ist. Keine Sorge, sie findet letztlich Zuflucht im Hotel Moustic und der berühmte Spirou eilt ihr heldenhaft zu Hilfe, wie auch im dazugehörigen Comic „Spirou und Fantasio: Die Leopardenfrau".

Leopardenfrau

Unser Spaziergang führt uns weiter geradeaus über die Chaussée d'Ixelles und weil man in Brüssel selbst in der Vorstadt nicht weit kommt, ohne auf das nächste Wandbild zu treffen, sehen wir schon bald die **Arche** aus der Feder von François Schuiten und Alexandre Obolensky. Scannt man den QR-Code unter dem Bild, ertönt die zum Motiv der Arche passende klangliche Dimension mit kreischenden Möwen, Nebelhorn und plaudernden Passagieren. Bei schönem Wetter bietet sich hier eine Extrarunde abseits unseres eigentlichen Spaziergangs an. Schaut man am Wandbild rechts vorbei, sieht man bereits die Kirche **Saint-Croix** an der Place Eugène Flagey, an wel-

Teiche von Ixelles

che die **Etangs d'Ixelles,** die Teiche von Ixelles, angrenzen. Dort unten lag das ursprüngliche Dorf Ixelles, allerdings findet man heute keine Bauernhöfe mehr, sondern herausragende Jugendstilbauten. Der etwa 3 Kilometer lange Abstecher ist aber nicht nur wegen der Teiche bei Sonnenschein und der zahlreichen Perlen des Jugendstils am Westufer ein Vergnügen, sondern auch, weil man am Ende der Teiche auf die ehemalige Abtei **La Cambre** stößt. Die wunderschönen Gärten und die historische Abtei sind vor allem im Sommer ein fantastischer Ort für eine zusätzliche Runde.

Unser Weg führt uns nun bei der Arche nach links in die **Rue Maes** und gleich bei der nächsten Möglichkeit biegen wir links ab in die Rue de Venise, der wir bis zur Kreuzung mit sechs Straßen folgen. Wir wählen die **Rue du Collège** halb links von uns, die uns am Rathaus vorbei wieder zurück zur Place Fernand Cocq bringt. Am Ende des Platzes, auf der Höhe der Brasserie Contrebande, biegen wir rechts ab in die **5 Rue de la Tulipe.** Sowohl die Rue de la Tulipe als auch die Rue du Collège sowie die meisten Straßen hinter dem Rathaus entstanden nach einem königlichen Erlass von 1844. Eben jener Erlass war maßgeblich dafür verantwortlich, die Lücke zwischen Ixelles und Brüssel zu schließen, sodass die

Abtei La Cambre

Stadtplaner hier in der Mitte des 19. Jahrhunderts alle Hände voll zu tun hatten. In den nächsten fünf Jahrzehnten folgten weitere königliche Erlasse, wodurch diese Gegend rund um das Rathaus im Großen und Ganzen viele Jahre lang eine riesige Dauerbaustelle war.

In der Rue de la Tulipe wird besonders deutlich, dass der Weg zum Szeneviertel für Matongé noch lange nicht beendet ist. Selbst wenn mit einer Kunstgalerie, einem Bioladen und einem Secondhandbuchshop sicher ein hervorragender Grundstein gelegt ist, so gibt es trotzdem immer noch viel Leerstand. Kurz vor dem Ende der Rue de la Tulipe treffen wir linker Hand auf das **Sounds,** seit 1986 eine kultige Jazzbar, die gar nicht mal so klein ist, wie sie von außen aussieht. Jazzfans sollten hier auf jeden Fall einen Abend verbringen. Kurz hinter dem Sounds biegen wir links ab in die **Rue Jules Bouillon.** Seit 1883 trägt diese Straße den Namen eines über 42 Jahre hinweg engagierten Lehrers. Er

MedexMuseum

Rue Longue Vie

prägte das städtische Bildungswesen maßgeblich und war unter anderem an der Eröffnung der ersten kommunalen Mädchenschule im Jahr 1856 beteiligt.

Schon von Weitem entdecken wir die Rückseite der Kirche Saint-Boniface, bei der wir uns nach rechts in die **Rue Bouré** wenden, und halten uns links, sobald wir die Rue Longue Vie erreichen. Nach wenigen Metern sehen wir auf der rechten Seite das ⑥ **MedexMuseum,** auch Musée Éphémère de l'Exil. In einer ehemaligen Autowaschanlage definiert es die Rolle des Museums neu, indem es einen lebendigen Ort schafft. Durch Ausstellungen, Workshops und kulturelle Events sollen Gespräche, Begegnungen und Diskussionen über Exil, Migration und Multikulturalität angeregt werden. Wenn das Tor geöffnet ist, sollte man unbedingt mal schauen, was im Museum gerade los ist.

Wir bleiben auf der ⑦ **Rue Longue Vie,** die sich nach der nächsten Querstraße in eine Fußgängerzone verwandelt und hier als das afrikanische Herzstück von Matongé gilt. Namensgeber ist das relativ kleine Quartier Matongé in Kinshasa, der kongolesischen Hauptstadt, welches passenderweise auch dort als Szeneviertel bezeichnet wird. Mit dem Ende der Kolonialzeit kamen mehr und mehr Einwanderer aus dem Kongo und anderen belgischen Kolonien nach Matongé, denn nur unweit der Rue Longue Vie befand sich die Maison Africaine, ein Wohnheim für kongolesische Studenten, denen in den 1950er-Jahren Stipendien gewährt wurden. Im Laufe der Jahre entwickelte sich das Viertel zu einem wichtigen Zentrum für die afrikanische Diaspora in Brüssel und in den knallbunten Restaurants rechts und links finden wir Mafé, Yassa, Moambe und zahlreiche weitere Gerichte auf den Speisekarten.

Saint-Boniface

Am Ende dieser bunten Gasse schauen wir halb rechts und sehen dort die Skulptur 8 **Au-delà de l'Espoir,** die Mutter aus Kanonenkugeln des kongolesischen Künstlers Freddy Tsimba. Das Kunstwerk, das eine Frau zeigt, die ihr Baby beschützt, ist aus Geschosshülsen gefertigt, die aus den kriegerischen Auseinandersetzungen im Kongo stammen.

Nachdenklich setzen wir unseren Weg nach links auf der **Rue Ernest Solvay** fort, wo sich nach viel Neoklassizismus nun deutlich der Jugendstil um uns herum ankündigt. Als sich der verspielte Architekturstil im späten 19. Jahrhundert langsam, aber sicher in Brüssel durchsetzte, waren die

DAS KOLONIALPROJEKT KONGO – EIN DUNKLES KAPITEL

Leopold II., der von 1865 bis 1909 als König der Belgier regierte, erwarb 1885 den Kongo auf der Konferenz von Berlin, als die afrikanischen Kolonien festgelegt wurden. Damit war der Kongo aber keine belgische Kolonie, sondern Leopolds privates Projekt. Er plünderte die reichhaltigen Ressourcen wie Kautschuk und Elfenbein weitgehend zu seinem persönlichen Nutzen. Auch die einheimische Bevölkerung betrachtete er als sein Eigentum, indem er sie versklavte. In dieser finsteren Zeit kamen zahlreiche Kongolesen ums Leben. Leopolds Herrschaft im Kongo endete vor allem aufgrund internationalen Drucks. Berichte über unmenschliche Praktiken gelangten an die Presse und humanitäre Organisationen wie Aktivisten erhoben Anklage. 1907 übertrug Leopold II. die Kontrolle über den Kongo endlich an die belgische Regierung. Erst ab dem Jahr 1960 ging es aufwärts und der Kongo wurde vollständig autonom.

meisten Bauarbeiten in Matongé zwar schon abgeschlossen, aber an dieser Stelle war noch Platz für Neues. Wenn uns die Hausnummer 19, erbaut von Ernest Blerot, aus ihrem Bann entlässt, entdecken wir an der nächsten Kreuzung die Fassade der Kirche 9 **Saint-Boniface d'Ixelles.** Das neugotische Gotteshaus wurde zwischen 1846 und 1858 errichtet, also bereits in der Zeit der großen Dauerbaustelle. Die meisten Häuser mit den Brasserien und Restaurants rundherum ergänzen das Bild erst seit dem frühen 20. Jahrhundert, als der Jugendstil schon Einzug gehalten hatte. Der Platz, die Cafés, die Gebäude und die Kirche harmonieren aber ganz ausgezeichnet, wovon man sich am besten bei einer Pause in der Brasserie **L'Ultime Atome** überzeugen kann.

Chaussée de Wavre

Die **Place Saint-Boniface** gehört sicher zu den schönsten Plätzen in Matongé, aber auch die Place Fernand Cocq mit dem Rathaus und die bunte Rue de Longue Vie können auf den Favoritenlisten mithalten. Doch nicht mehr nur an diesen Orten entwickelt sich Matongé weiter, auch in den Seitenstraßen wie der Rue de la Tulipe tauchen immer mehr spannende Projekte auf, sodass es im Szeneviertel in den nächsten Jahren garantiert nicht langweilig wird.

Unser Spaziergang ist nun fast vorbei. Wir lassen die Kirche Saint-Boniface hinter uns, gehen geradeaus durch die Rue Saint-Boniface und biegen an deren Ende rechts ab in die **Rue Francart.** So gelangen wir schnell auf eine Hauptverkehrsader in Matongé, die **Chaussée de Wavre,** wo wir links abbiegen. Wir genießen die letzten Meter im kleinen Afrika von Brüssel, während wir wieder auf die Chaussée d'Ixelles zusteuern. Wenn wir dort nach rechts blicken, erkennen wir auch schon die Porte de Namur.

10

Start/Ziel: Pont Sainctelette, Les 4 Piliers du Pont Sainctelette, 1080 Molenbeek-Saint-Jean
Länge: ca. 4 Kilometer
Dauer: ca. 2 Stunden
ÖPNV: Haltestelle Yser
Parken: Parking Indigo Bruxelles Manhattan, Rue des Croisades 19, 1210 Saint-Josse-ten-Noode

UNTERWEGS ENTDECKT

1. KANAL – Centre Pompidou
2. MIMA – Millennium Iconoclast Museum of Art
3. De Vaartkapoen (Skulptur)
4. Tour & Taxis (bebilderte Karte unter tour-taxis.com/interactive-map)
5. WOM – World of Mind
6. Gare Maritime
7. BELEXPO
8. Stoomlokomotief
9. BD Corto Maltese

ESSEN + TRINKEN

Walvis, Rue Antoine Dansaert 209, 1000 Brüssel, Tel. +32 (2) 2 01 85 81 (idyllisches Szenecafé mit hervorragender belgischer Küche)
Gare Maritime, Rue Picard 9, 1000 Brüssel, garemaritime-foodmarket.be (Food-Court im ehemaligen Güterbahnhof, unglaublich große Auswahl)
Brasserie de la la Senne, Anna Bochdreef 19–21, 1000 Brüssel, Tel. +32 (2) 4 65 07 51, brasseriedelasenne.be (Brauerei mit Gästebereich und im Sommer Biergarten, leckere Snacks)

DER KANAL

Lebendige Zukunft eines Industriegebiets

Brüssel hat sich in den letzten Jahrzehnten stark verändert, sowohl im Zentrum als auch rundherum. Aber kein anderes Viertel verwandelt sich dieser Tage so rasant und radikal wie die Gegend entlang des Kanals. Wo bis vor wenigen Jahren die Industrie das Bild dominierte, entstehen nun attraktiver Wohnraum, Freizeitanlagen, Gastronomie, Kunst und Kultur. Auf diesem Spaziergang können wir der Stadt bei ihrer Entwicklung zuschauen, während wir gleichzeitig einen Blick in die Geschichte des Kanals werfen.

An der **Sainctelette-Brücke,** die die Grenze zwischen dem Seekanal Brüssel-Schelde und dem Brüssel-Charleroi-Kanal markiert, starten wir. An der Ecke entdecken wir das neue ① **KANAL – Centre Pompidou,** dessen umfassende Umbauarbeiten leider von der Coronapandemie massiv ausgebremst wurden. Das Centre Pompidou ist auch ein hervorragendes Beispiel für den Wandel, den der Kanal erfährt. Wo einst in der Fabrik von Citroën die Autos vom Fließband liefen, soll in Zukunft das Centre Pompidou vor allem lokale Künstler fördern und ein Treffpunkt für zeitgenössische Kunst werden.

Kriegerdenkmal

An der Uferseite des Centre Pompidou gehen wir dem Kanal zugewandt nach links und bleiben auf dem **Boulevard du Neuvième de Ligne 35.** An der nächsten Abzweigung fällt uns links das Kriegerdenkmal auf und nachdem wir dem Kanal nur wenige Meter weiter gefolgt sind, entdecken wir auch schon die ehemalige Kaserne jener im Ersten Weltkrieg gefallenen Helden. Das **Petit Château** im Neo-Tudorstil mit dem imposanten Eingangstor entstand bereits im 19. Jahrhundert und hat eine bewegte Vergangenheit hinter sich. Zunächst war die Kaserne Heimat der Schützen

Am Kanal

der belgischen Armee, später der Füsiliere und nachdem sie eine Weile als Gefängnis genutzt worden war, ist die Kaserne seit 1986 ein Aufnahmezentrum für politische Flüchtlinge mit Platz für über 800 Personen.

Wir setzen unseren Weg entlang des Kanals fort, bis wir an der Kreuzung zur **Rue Antoine Dansaert** gleich mehrere einladende Cafés entdecken. Vor allem im Café **Walvis** kann man auf der Terrasse im Schatten der Bäume ganz hervorragend eine kleine Verschnaufpause einlegen. Hier gehen wir auf die Brücke und lassen unseren Blick noch etwas weiter den Kanal hinabschweifen. Die ersten Kanäle gab es bereits im Mittelalter, als die durch Brüssel fließende Senne kanalisiert wurde, um die Stadt mit Wasser zu versorgen und verschiedene Wassermühlen zu betreiben. Während der Brüssel-Schelde-Kanal, der nach Norden über Antwerpen bis ans Meer führt, bereits 1561 eröffnet wurde, ist der Teil des Kanals, der Brüssel mit dem etwa 70 Kilometer entfernten Charleroi nach Süden verbindet, wesentlich jünger. Zwar stand die Verbindung nach Charleroi schon

Henry, der Kormoran

beim Bau des Kanals nach Antwerpen auf dem Plan, 1561 wurde sie jedoch zunächst gestoppt. Erst mit der Industrialisierung im 19. Jahrhundert nahm das Projekt wieder Fahrt auf, da die Kohlevorkommen in Charleroi einen Kanal nun noch interessanter machten.

Kunstbegeisterte Spaziergänger sollten an dieser Stelle einen kleinen Abstecher in Erwägung ziehen, denn hinter dem Knick, den der Kanal nicht weit entfernt vollzieht, findet man in einer ehemaligen Brauerei das Millennium Iconoclast Museum of Art, oder kurz 2 **MIMA.** Das Museum für bildende Kunst hat neben einer spannenden Dauerausstellung nicht nur wechselnde Sonderausstellungen in petto, sondern auch eine Dachterrasse mit einem wundervollen Blick auf die Umgebung.

MIMA

Nachdem wir die Brücke überquert haben, biegen wir rechts ab und folgen dem Kanal nun in Richtung Nordsee. Wir sind im Stadtteil Molenbeek angekommen, der von der Veränderung des Kanals natürlich nicht verschont bleibt und uns auf dem nächsten Kilometer historische Lagerhäuser und moderne Neubauten im Wechsel präsentiert. An der Sainctelette-Brücke, an deren anderem Ende wir unseren Spaziergang begonnen haben, erwarten uns auf dieser Seite nun die 3 **Vaartkapoen.** Seit 1985 gelingt es dem Brüsseler Polizisten nicht, dem Kanalschurken zu entkommen. Wer schon den ein oder anderen Spaziergang in der Metropole unternommen hat, dem mag der Stil dieses ausgefallenen Kunstwerks bekannt vorkommen. Immerhin hat der Künstler Tom Frantzen auch die Skulpturen von Chansonnier Jacques Brel, Madame Chapeau und Zinneke Pis entworfen.

De Vaartkapoen

Weiter den Kanal entlang, finden wir uns immer mehr in einer Umgebung zwischen Vergangenheit und Zukunft, zwischen den Spuren der Industrie, modernen Wohnanlagen und ehemaligen Zollhallen wieder. In den 1880er-Jahren galt Belgien als eines der am stärksten industrialisierten Länder Europas und sogar als das viertmächtigste Land der Erde. Bei der nächsten Brücke entdecken wir links die historischen Hallen 4 **Tour & Taxis,** in denen ganze Schiffsladungen exotischer Waren aus aller Welt gelagert wurden, die über Antwerpen und den Kanal nach Brüssel kamen. Der Name stammt von der bekannten Adelsfamilie, die im deutschsprachigen Raum als Thurn und Taxis bekannt ist. Das Areal wurde nach der Dynastie benannt, weil es einst Standort eines großen Güterbahnhofs und eines Postgebäudes war, die beide mit den Aktivitäten der Familie eng verbunden waren.

Tour & Taxis ist das beste Beispiel für die Verwandlung des Viertels entlang des Kanals. Wo früher sortiert, geprüft, verzollt und versandt wurde, bevor Lieferungen mit einem anderen Schiff oder der Eisenbahn weitergesendet wurden, ist in den letzten Jahren ein wahres Freizeitpara-

DER VERSTECKTE FLUSS

Die Senne, einst ein mäandernder Fluss, der das Stadtbild Brüssels prägte, ist heute größtenteils verborgen und kanalisiert. Ihre sumpfigen Ufer machten es den Brüsselern früher nicht nur schwer, dort zu bauen, sodass sich die gut betuchten Bewohner lieber auf den Hügeln der Umgebung niederließen, auch für die Schifffahrt war die Senne unberechenbar. Warenlieferungen steckten oft tagelang in den Auen fest, weshalb die ersten Rufe nach einem Kanal bereits im 14. Jahrhundert ertönten. Der Kanal erleichterte zwar das Leben der Schiffsführer, die Senne blieb jedoch übel riechend und unhygienisch. Als man ihr im 19. Jahrhundert dann auch noch die Schuld an der Verbreitung der Cholera gab, wurde der Fluss im Stadtzentrum überbaut. Lange Zeit war das ein Segen für Brüsseler Nasen, denn private und industrielle Abwässer flossen nach der Überbauung weiterhin ungeklärt in die unterirdische Senne und weiter bis in die Nordsee. Erst seit 2007 strömen die Abwässer durch eine Kläranlage, bevor sie in den versteckten Fluss entlassen werden.

Tour & Taxis

dies entstanden. Oft finden auf dem Gelände Festivals statt, es kann also gut sein, dass wir geradewegs in eine Party marschieren. Sobald wir den Hof betreten, sehen wir direkt auf unserer linken Seite das Zollhaus und geradeaus das große **Entrepôt Royal.** Das ehemalige königliche Lagerhaus ist öffentlich zugänglich und selbstverständlich gehen wir durch die Glastüren links an der Kopfseite des Gebäudes hinein. Gelagert wird hier zwar nichts mehr, aber schon kurz hinter dem Eingang müssen wir dem gläsernen Fußboden unsere Aufmerksamkeit widmen. Darunter sehen wir die Schienen, auf denen im 19. und 20. Jahrhundert die Waren in das Lager und wieder heraustransportiert wurden.

Cafés, Restaurants und etwa 40 Unternehmen, die in dieser historischen Halle ihren Firmensitz haben, passieren wir auf unserem Weg durch das Lagerhaus. Am anderen Ende, wo früher die Waggons mit Waren direkt an eine Lok angehängt wurden, um sie zu ihrem Zielort zu befördern, verlassen wir die Halle. Der große Platz vor uns und auch der offene Bereich auf der linken Seite war bis in die 1960er-Jahre ein riesiger Rangierbahnhof. Etwa 3000 Menschen arbeiteten hier, bis das Areal nach der Gründung der Europäischen Zollunion 1968 größtenteils seine Daseinsberechtigung verlor. Die Hallen wurden nach und nach aufgegeben und standen schließlich über Jahrzehnte zum Verkauf. Erst 2001 wagte sich die Immobilien-Investment-Firma Nextensa an das Großprojekt. Gebäude für Gebäude wird renoviert, wobei immer Wert darauf gelegt wird, so viel wie möglich von den historischen Strukturen zu erhalten.

Leicht nach links gewandt, schlendern wir über den Platz, rechts vorbei am imposanten Depot, das heute als Zuhause des Museums 5 **World of Mind** und als Schauplatz für wechselnde Ausstellungen dient. Im Jahr 2023 begeisterte eine immersive Tim-und-Struppi-Ausstellung die Besucher, die sie in die faszinierende Welt der Comics entführte. Das Areal von Tour & Taxis ist längst zu einem Mekka für Comicliebhaber geworden, was nicht zuletzt

Königliche Lagerhalle

durch die regelmäßige Ausrichtung der Brüsseler Comic Con deutlich wird.

Vorbei an dem kleinen Gebäude, in dem früher Gefahrgut gelagert wurde, erreichen wir die 6 **Gare Maritime,** den Seebahnhof mit dem idyllischen Teich vor der Tür. Das imposante Bauwerk wurde von 1902 bis 1910 errichtet und trägt deutliche Spuren des Jugendstils, der diese Zeit architektonisch dominierte. Mit 40.000 Quadratmetern war die riesige Halle Europas größter Bahnhof, der allerdings nie auch nur von einem einzigen Fahrgast betreten wurde. Wo früher die Waren ankamen und verladen wurden, findet der hungrige Spaziergänger heute in einem phänomenalen Ambiente eine beinahe zu üppige Auswahl an Leckereien. Vor dem Eingang der Gare Maritime fällt unser Blick auf die elegante Bogenarchitektur der ehemaligen Fischhalle, einst Dreh- und Angelpunkt für Fischtransporte, wohinter die Züge über die Bahnlinien auf das Gelände rollten. Hinter dem alten Seebahnhof und der **Fischhalle** erstrecken sich derzeit weitere Bauvorhaben, die alle zum Nextensa-Pro-

Gare Maritime

Ehemalige Fischhalle

jekt gehören. Ihr Ziel ist es, an diesem historischen Standort einen integrativen und nachhaltigen Wohnraum zu schaffen, wobei das Areal von Tour & Taxis nur den Anfang markiert.

Wir spazieren durch die Fischhalle und dahinter nach rechts, vorbei am Teich, während wir links die **Brasserie de la Senne** erspähen, wo das gute Zenne Pils, das Pale Ale ZinneBir und viele weitere traditionelle belgische Biere gebraut werden. Im Sommer kann man die erfrischenden Tropfen direkt im hauseigenen Biergarten verkosten. Wir folgen dem Weg zurück zum Platz vor der königlichen Lagerhalle, wobei wir das interaktive Museum 7 **BELEXPO** passieren, in dem Jung und Alt einen fantastischen Einblick in die Themen Klima, Nachhaltigkeit und Stadtentwicklung der Zukunft erhalten. Passenderweise sitzt in diesem modernen Gebäude auch die zentrale Brüsseler Umwelt- und Energiebehörde, während direkt nebenan die flämische Energiegesellschaft nach effizientem und nachhaltigem Energiemanagement strebt.

Nun jedoch verlassen wir das Gelände, machen uns auf den Weg zurück zum Kanal, vorbei an der Hafenbetriebsgesellschaft, die den Verkehr auf dem Kanal regelt, und überqueren die Brücke mit der 8 **Stoomlokomotief.** Die Lok aus dem Jahr 1923 wurde 2011 an dieser Stelle als Monument eingeweiht, zum einen um den 175. Geburtstag der belgischen Eisenbahn zu feiern, zum anderen aber auch als Zeichen für die städtische Integration und das Bestreben, das Hafengelände für die Stadt und ihre Bewohner zu öffnen.

Hinter der Lokomotive sehen wir den Teil des Kanals, der immer noch als Industriegebiet genutzt wird. Am Ende der Brücke jedoch biegen wir unmittelbar nach rechts hinunter ab und gehen am Wasser entlang – langsam, aber sicher zurück zu unserem Ausgangspunkt. Dabei passieren wir die modernen Wohnhäuser, in deren unteren Etagen mehr und mehr Restaurants eröffnen, meist im Sommer mit Tischen direkt am Wasser. Hier befindet sich das Viertel noch im Wandel, aber es ist schon jetzt deutlich sichtbar, wo die Reise hingehen soll. Wir passieren das Wandbild von 9 **Corto Maltese,** einer Kultfigur der europäischen Gra-

Neues Wohngebiet

Corto Maltese

phic-Novel-Szene und eines Antihelden, dem Freiheit und Kreativität wichtiger sind als Geld. Dahinter steht die ehemalige Fabrik von Citroën, von der sicher bald nur noch eine Erinnerung zurückbleiben wird. Die Industrie hat sich auf der Route unseres Spaziergangs nahezu komplett zurückgezogen und Platz geschaffen für ein neues, spannendes Brüsseler Stadtviertel. Und auch wenn man hier und da noch ein paar Baustellen vor der Nase hat, so kann man sich doch sicher sein, dass der Kanal das nächste Brüsseler Szeneviertel wird.

Schnell erreichen wir wieder die Sainctelette-Brücke in Höhe des Centre Pompidou, unserem Ausgangspunkt. Wer den Spaziergang nun noch ein wenig ausdehnen möchte, kann über die Brücke und 2,5 Kilometer immer geradeaus gehen bis zur **Nationalbasilika des heiligen Herzens.** Das Gotteshaus wurde von 1905 bis 1970 im Art-déco-Stil erbaut.

11

Start: Place de l'Atomium 1, 1020 Brüssel
Ziel: Rue Charles Demeer, 1020 Brüssel
Länge: ca. 5 Kilometer
Dauer: ca. 2,5 Stunden
ÖPNV: Haltestelle Heysel; am Ziel: Haltestelle Pannenhuis
Parken: Parkplätze am Boulevard du Centenaire 617, 1020 Brüssel, oder ParkBee Parking Pannenhuis, Bulinsstraat 2–4, 1090 Jette

UNTERWEGS ENTDECKT

1. Atomium
2. Mini-Europe
3. Monument à Adolphe Max
4. Monument à la Dynastie
5. Domaine Royal de Laeken (königlicher Landsitz)
6. Parc Astrid
7. Notre-Dame de Laeken (Liebfrauenkirche)
8. Cimetière de Laeken
9. Commune Laeken (altes Rathaus)
10. Parc de la Ligne 28

ESSEN + TRINKEN

L'imprévu, Drève Sainte-Anne 66, 1020 Brüssel, Tel. +32 (2) 3 60 10 74 (kleines Restaurant abseits des Trubels mit belgischer Küche und Terrasse)
Brasserie Royal, Parvis Notre Dame 11, 1020 Brüssel, Tel. +32 (2) 4 50 73 67 (Brasserie mit hervorragendem Essen, auch für einen Kaffee zwischendurch geeignet)
Frituur Steve Pannenhuis, Rue Charles Demeer 94, 1020 Brüssel (Gerüchten zufolge die beste Pommesbude der Stadt)

ATOMIUM & LAEKEN

Ein Streifzug durch die Natur

Das Atomium, Wahrzeichen Brüssels sowie Symbol für Modernität und Innovationen, wacht mit seinen silbern schimmernden Kugeln über den malerischen Parc de Laeken. Doch nicht nur die Expo 58, sondern auch das belgische Königshaus haben in Laeken deutliche Spuren hinterlassen. Wir schlendern vom Atomium durch den Park, vorbei am königlichen Schloss und durch das Zentrum von Laeken mit der berühmten Liebfrauenkirche. Uns erwartet viel Abwechslung auf unserem Weg über historische und auch ganz neue Grünflächen.

Wir starten am 1 **Atomium,** das neben dem Manneken Pis sicherlich das bekannteste Wahrzeichen Brüssels ist. Die riesige Edelstahlstruktur des belgischen Ingenieurs André Waterkeyn stellt die 165-milliardenfache Vergrößerung einer aus neun Atomen bestehenden Elementarzelle eines Kristalls dar. Das skurrile und weithin sichtbare Gebäude wurde 1958 für die Weltausstellung in Brüssel errichtet. Im Inneren der Kugeln mit jeweils 18 Metern Durchmesser, die

Atomium

Mini-Europe

ein wenig an eine Zeitreise erinnern, finden wechselnde wissenschaftliche oder kulturelle Ausstellungen statt. Vor allem in den die Kugeln miteinander verbindenden Röhren mit Rolltreppen bekommt man einen hervorragenden Eindruck davon, wie man sich in den 1950er-Jahren die Zukunft vorstellte. Von den oberen Kugeln hat man einen fantastischen Blick auf Brüssel und die Umgebung. Mit etwas Glück sieht man bei klarer Sicht sogar die Kathedrale von Antwerpen.

Miniaturfans sollten sich darüber hinaus einen Besuch im benachbarten 2 **Mini-Europe** nicht entgehen lassen. Seit 1989 spaziert man in dem wunderschön gestalteten Park durch 28 Länder mit über 80 Städten und mehr als 350 Miniaturmodellen im Maßstab 1:25. Vom Londoner Big Ben geht es vorbei am Eiffelturm und dem Kolosseum in Rom bis zur Athener Akropolis. Unser Spaziergang startet nun zunächst ins idyllische Grüne. Mit Blick auf den Eingang des Atomiums und Brüssel im Hintergrund wenden wir uns nach links. Ticketschalter und Café passierend, sehen wir links auch schon den Zutritt zum Park. Wir gehen hinein und halten uns sofort rechts, sodass der Teich auf unserer linken Seite liegt. Dem kleinen Wanderweg folgen wir parallel zur Straße bis zum 3 **Monument à Adolphe Max.** Adolphe Max war Anfang des 20. Jahrhunderts ganze 30 Jahre lang Bürgermeister von Brüssel. Er stieß in dieser Zeit wichtige städtebauliche Projekte an, verbesserte die allgemeine Infrastruktur und setzte sich für soziale Reformen sowie Bildung ein.

Hinter Adolphe biegen wir in die beschauliche Allee nach links ab und folgen dem Weg. Jetzt sind wir erst einmal eine ganze Weile im Grünen unterwegs. Wer möchte, kann bei der nächsten Möglichkeit links abbiegen und einen Abstecher zum **Freilufttheater** machen. Bei

Monument Adolphe Max

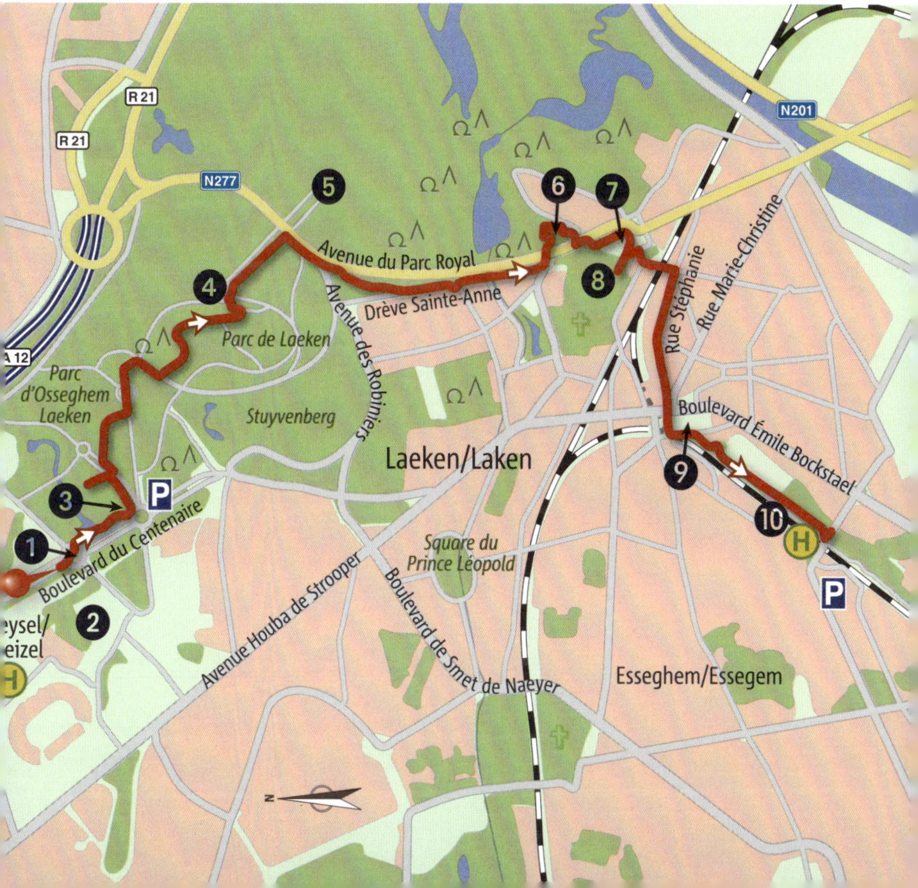

Freilufttheater

Denkmal Royal Air Force

schönem Wetter bieten sich die Stufen des Geländes ganz ausgezeichnet für eine kleine Pause an. Seit 1977 findet im Juli hier immer das 2-tägige Brosella Festival statt, mit Folk, Jazz, Weltmusik und allen dazu passenden Musikrichtungen.

Unser Spaziergang geht noch ein Stück weiter auf der Allee, bis wir bei der nächsten Möglichkeit rechts abbiegen und dem Weg nach unten folgen. Schon von Weitem entdecken wir das **Monument à la Memoire des Aviateurs Belges de la Royal Air Force.** Die Pyramide erinnert an die belgischen Piloten, die während der Luftschlacht um England im Jahr 1940 ums Leben kamen. Hinter dem Kreisverkehr mit der Pyramide gehen wir rechts über die Wiese mit den Picknicktischen und Sportgeräten, bis wir auf dem nächsten kleinen Pfad ankommen und uns nach rechts wenden. Im Sommer laufen wir an dieser Stelle auf die **Guinguette André** zu, eine Art Biergarten. Die Freiluftbar wartet bei schönem Wetter mit einer kleinen Speisekarte und Kaltgetränken auf hungrige und durstige Gäste. Im Spätsommer wird die Bar allerdings komplett abgebaut, sodass ab Mitte September nichts mehr darauf hindeutet, dass man hier im Sommer bei guter Musik und Blick auf das Atomium eine wundervolle Zeit verbringen kann.

Bei der nächsten Möglichkeit biegen wir links ab, spazieren eine Weile am Zaun entlang und nach zwei Kurven halten wir auf der linken Seite Ausschau nach einem Zugang im Zaun. Hier finden wir eine Waldtreppe, die uns durch die Bäume den Hang hinauf zum 4 **Monument à la Dynastie** bringt. Falls es sehr matschig ist, kann man auch einfach weiter dem gepflasterten Weg folgen, der nach einer weiteren Linkskurve ebenfalls zum Denkmal der Dynastie führt. König Leopold II. ließ dieses Monument im späten 19. Jahrhundert zu Ehren seines Vaters König Leopold I. errichten. Es markiert den Abschluss der Monumentalachse, weshalb wir mit dem Denkmal hinter uns auch schon genau auf die königlichen Parkanlagen mit dem Schloss blicken.

Diesen Weg nach unten schlagen wir nun ein, bis wir die Straße erreichen. Die 5 **Domaine Royal de Laeken,** der königliche Landsitz, ist die offizielle Residenz des belgischen Königshauses und obwohl die Königsfamilie ein relativ normales Leben führt und auch gerne mal in den Straßen von Brüssel anzutreffen ist, ist ihr Zuhause normalerweise nicht öffentlich zugänglich. Im Frühjahr werden jedoch die beeindruckenden königlichen Gewächshäuser für einige Wochen für Besucher geöffnet. Als der riesige Gebäudekomplex 1873 vom Architekten Alphonse Balat entworfen wurde, war die Kombination aus Glas und Metall eine noch

Denkmal der Dynastie

Königliche Gewächshäuser

sehr junge Art der Architektur. Die königlichen Gewächshäuser von Laeken, die **Serres Royales de Laeken,** setzten aber ganz neue Maßstäbe. Im klassischen Stil, an die Bauweise des Schlosses selbst angelehnt, erhielten die Gewächshäuser die Silhouette einer gläsernen Stadt. Falls sie gerade zugänglich sind, sollten wir uns einen Besuch keinesfalls entgehen lassen. Am Zaun stehen immer Wachen, die wir im Zweifel fragen können, ob geöffnet ist.

Monument Königin Astrid

Mit Blick auf Schloss Laeken wenden wir uns nach rechts und folgen der Straße auf der rechten Seite. Hinter der Kurve, etwa 50 Meter, nachdem wir die Fußgängerampel passiert haben, biegen wir rechts ab in den Pfad zwischen den Bäumen. Schnell erreichen wir eine Straße namens **Drève Sainte-Anne** bei der europäischen Schule, der wir nach links folgen. Wir passieren **L'imprévu,** ein Restaurant mit einer kleinen Terrasse, in der sich die Nachbarschaft trifft. Hungrige Spaziergänger bekommen hier Hausmannskost wie Croque Madame oder typisch belgische Gerichte. Am Ende der Drève Sainte-Anne biegen wir links ab und sehen auf der anderen Straßenseite schon den kleinen 6 **Parc Astrid.** Wir gehen hinein und besuchen auf der linken Seite das **Monument à la Reine Astrid.** Das Denkmal erinnert an die aus dem schwedischen Hause Bernadotte stammende Königin Astrid, die 1926 den belgischen Leopold III. heiratete. Bei einem Autounfall am Vierwaldstättersee verstarb die junge Frau leider schon im Jahr 1935.

Wir wenden dem Monument den Rücken zu und sehen auch schon die eindrucksvolle Liebfrauenkirche, deren Haupteingang wir nun ansteuern. An der Stelle der heutigen Kirche 7 **Notre-Dame de Laeken** stand bereits im Jahr 800 nach Christus eine bescheidene Kapelle, die sich wegen eines Marienbilds im Laufe der Jahrhunderte zur Pilgerstätte entwickelte. 1275 wurde sie durch eine Kirche im frühen Stil der Brabanter Gotik ersetzt. Die erste belgische Königin Louise von Orléans, die im Jahr 1850 starb, hatte in ihrem Testament festgelegt, in der Liebfrauenkirche beigesetzt zu werden. Um einen würdigen Rahmen zu schaffen, ließ ihr Mann Leopold I. die aktuelle prachtvolle Liebfrauenkirche im neugotischen Stil errichten. Er selbst legte 1854 den Grundstein und seit der Weihung der Kirche im Jahr 1872 dient die Krypta als Begräbnisstätte für die königliche Familie, obwohl das Gotteshaus erst einige Jahrzehnte später wirklich fertiggestellt wurde. Auch Astrid von Schweden wurde 1935 in dieser Krypta beigesetzt.

BELGIENS WEG ZUM KÖNIG

50 vor Christus
Julius Caesar erobert die Region, die Siedlung Brosella entsteht.

979
Erste Erwähnung der Festung Bruocsella. Eine Handelsstadt entwickelt sich.

1356
Brüssel wird Hauptstadt der Herzogtümer Brabant.

1384 bis 1482
Burgundische Herrschaft.

1482 bis 1713
Habsburgische Herrschaft.

1568 bis 1648
Achtzigjähriger Krieg gegen die spanische Herrschaft.

1695
Zerstörung Brüssels durch die Franzosen.

1713
Friede von Utrecht. Österreich erlangt die Kontrolle über die Region, die fortan als österreichische Niederlande bezeichnet wird.

1794
Französische Revolutionstruppen besetzen die Region.

1815
Kongress von Wien. Vereinigung der österreichischen mit den nördlichen Niederlanden als das Vereinigte Königreich der Niederlande.

1830
Belgische Revolution. Belgien erklärt seine Unabhängigkeit, Brüssel wird Hauptstadt.

1831
Der erste König der Belgier Leopold I. wird gekrönt.

Liebfrauenkirche

Links von der Liebfrauenkirche finden wir den Eingang zum 8 **Cimetière de Laeken,** der sich für einen kleinen Abstecher anbietet. Als ältester Friedhof in dieser Gegend dient er nicht nur als Ruhestätte, sondern auch als Freilichtmuseum für Grabkunst. Er birgt die sterblichen Überreste zahlreicher Persönlichkeiten, die das aufstrebende und lebendige Brüssel des 19. Jahrhunderts prägten. Zwischen kunstvoll gestalteten Gräbern finden sich die letzten Ruhestätten bedeutender Politiker, Unternehmer und Künstler. Eine Besonderheit dieses Friedhofs sind seine unterirdischen Grabgalerien, die sich über mehr als 1 Hektar erstrecken und ein einzigartiges Beispiel dieser Art in Nordeuropa darstellen. Inmitten der Friedhofsanlage erhebt sich außerdem einer der Original-Bronzeabgüsse von Auguste Rodins „Der Denker".

Ein Stück des Wegs machen wir kehrt und bei der **Brasserie Royal** mit typisch belgischer Küche wenden wir uns nach oben in die Rue Léopold I mit dem kleinen Park auf unserer linken Seite. Dann geht es links in die **Rue du Champ de l'Église** und wir entdecken wiederum links bald die **Maison de la Création – Site Gare** in einem malerischen ehemaligen Bahnhof. Das Kulturzentrum bietet wechselnde Ausstellungen, Workshops, Veranstaltungen und ein kleines Café, oft mit leckerem Kuchen. Wir spazieren weiter durch die Rue du Champ de l'Église, vorbei am wundervoll grünen Wandbild **Léonie,** bis zur nächsten Kreuzung. Unser Weg führt uns nach rechts in die Rue Stéphanie und immer den Straßenbahngleisen folgend bis zur **Place Émile Bockstael.**

Dominiert wird der Platz vom historischen Rathaus, heute bekannt als 9 **Commune Laeken,** das auf einen königlichen Erlass vom 5. Oktober 1900 erbaut wurde. Es sollte die damals alten und neuen Teile Laekens miteinander verbinden. Aufgrund vieler Diskussionen zwischen Architekten und Gemeinde verzögerten sich die Bauarbeiten al-

Friedhof Laeken

lerdings um einige Jahre. 1912 wurde das Rathaus zwar eingeweiht, war aber bei Weitem noch nicht fertiggestellt. Die Bauarbeiten zogen sich bis ins Jahr 1923. Weil Laeken jedoch im Jahr 1921 als Brüsseler Stadtteil eingemeindet wurde, hatte das Gebäude bereits bei der Fertigstellung seine eigentliche Funktion verloren. Zum Glück blieb es aber dennoch erhalten und diente fortan als Verwaltungsgebäude, Bibliothek sowie Polizeidienststelle und steht seit 1995 unter Denkmalschutz. Heute finden wir im alten Rathaus auch das Kulturzentrum **Maison de la Création – Site Bockstael,** das Gegenstück zum ehemaligen Bahnhof, den wir vorhin passiert haben.

Wandbild Léonie

Falls gerade Markttag ist, drehen wir zunächst eine Runde zwischen den Ständen, bevor wir unsere Tour in der **Rue Tielemans** rechts neben dem alten Rathaus fortsetzen. Wir halten uns rechts an der Mauer, denn hier finden wir den Weg nach unten zum ⑩ **Parc de la Ligne 28.** Dann gehen wir hinunter und nach links an den Bahngleisen entlang bis zur nächsten, den Weg überspannenden Brücke. Bis vor wenigen Jahren war dies noch ein brachliegendes Industriegebiet. Wir sind gerade in den Ausläufern des sehr jungen Parks unterwegs, der sich ständig weiterentwickelt und damit quasi täglich beliebter wird. Nach dem Atomium, dem weitläufigen Park von Laeken mit dem Schloss, der Liebfrauenkirche und dem Zentrum von Laeken endet unser Spaziergang nun in diesem prosperierenden Freizeitgebiet, das von Joggern und Spaziergängern gleichermaßen gut angenommen wird. Und selbst wenn sich der Park der Linie 28 noch nicht wirklich mit dem idyllischen Parc de Laeken messen kann, ist der Wandel zu mehr Grünflächen unübersehbar und wird sich unaufhaltsam in den nächsten Jahren weiterentwickeln.

An dieser Stelle kann man entweder hinauf zur Brücke gehen, wo die Metro zum Atomium und in die Stadt fährt, oder man folgt dem Spazierweg weiter und schlendert dann nach links durch den jungen Park. Diese Alternative führt direkt zum Kanal und damit auch in Richtung Zentrum. Zum Kanal sind es etwa 15 Minuten Fußweg, zur Grand-Place ist man ungefähr 40 Minuten zu Fuß unterwegs. Wer Hunger hat, sollte den Weg auf die Brücke keinesfalls scheuen, denn dort warten gegenüber dem Eingang zur Metro im Imbiss **Frituur Steve Pannenhuis** die möglicherweise besten Pommes in ganz Brüssel auf hungrige Gäste.

Parc de la Ligne 28

12

Start/Ziel: Cours Saint-Guidon, 1070 Anderlecht
Länge: ca. 3,5 Kilometer
Dauer: ca. 2 Stunden
ÖPNV: Haltestelle Saint-Guidon
Parken: Parking Saint-Guidon, Place de la Vaillance, 1070 Anderlecht

UNTERWEGS ENTDECKT

1. Place de la Vaillance
2. Crèmerie Saint-Guidon (Käseladen)
3. Avenue Paul Janson
4. Parc Astrid
5. Royal Sporting Club Anderlecht
6. Rue Porselein
7. Collégiale Saints-Pierre-et-Guidon
8. Béguinage d'Anderlecht
9. Maison d'Érasme
10. Parc Central
11. Place de la Résistance
12. Rue Wayez

ESSEN + TRINKEN

Bohemian, Avenue du Roi-Soldat 55, 1070 Anderlecht, thebohemian.be (idyllisches Restaurant am See im Park, leicht gehobenes Ambiente)
Friture René, Place de la Résistance 14, 1070 Anderlecht, Tel. +32 (2) 5 23 28 76 (rustikales traditionell belgisches Restaurant mit Käsekroketten, Steaks und Muscheln)

ANDERLECHT SAINT-GUIDON

Ein Heiliger und ein Fußballverein

Auch wenn die meisten Leser bei Anderlecht sicherlich zuerst an Fußball denken, ist das historische Dorf mehr als nur die Heimat des berühmten RSC Anderlecht. Die bereits im 9. Jahrhundert gegründete Gemeinde ist eine der 19 Bezirke, die zur heutigen Region Brüssel-Hauptstadt gehören. Der Star in der Geschichte Anderlechts ist der heilige Guido, dicht gefolgt von Erasmus von Rotterdam. Unser Spaziergang führt uns durch die spannende Historie des Dorfs und seiner Entwicklung im Laufe der Jahrhunderte.

An der Metrostation Saint-Guidon starten wir und gehen zunächst weg von der Straße über den kleinen Platz hinter der Metrostation zur Einbahnstraße Rue Saint-Guidon. Dann halten wir uns rechts und sehen nach wenigen Metern auf der rechten Seite bereits die 1 **Place de la Vaillance,** das Herz von Anderlecht und das historische Zentrum. Hier setzen wir unsere Reise durch die Zeit im 9. Jahrhundert an, wo vermutlich schon damals der Marktplatz zu finden war. Ob das aber tatsächlich genau hier war oder nur in der Nähe, lässt sich leider nicht präzise sagen, da es so gut wie keine Aufzeichnungen darüber gibt.

An der Stelle der heutigen Kirche **Saints-Pierre-et-Guidon,** die wir später noch erkunden werden, stand schon im 10. Jahrhundert eine romanische Kirche. Rund um die Kirche entwickelte sich dann vor allem im 11. Jahrhundert rasant das heutige historische Zentrum, das mehrere Jahrhunderte lang ein weit über Belgiens Grenzen hinaus bekanntes Handelszentrum war. Im 19. Jahrhundert wuchs Anderlecht im Zuge der Industrialisierung weiter, bis zwischen 1910 und 1920 der Platz erheblich vergrößert wurde. Damals legte auch der Stadtrat fest, dass sich sämtliche neuen Gebäude am Baustil des 16. bis 18. Jahrhunderts orientieren müssen, damit sich mit der historischen Kirche ein einheitliches Bild ergibt. Die meisten Häuser rund um den

Entenbahnhof

Platz sehen daher zwar alt aus, sind aber fast alle in den Jahren zwischen 1913 und 1920 entstanden. Ein Haus sticht jedoch aus dieser Geschichte heraus. Auf der linken Seite des Platzes sehen wir das **Gemeenschapscentrum De Rinck,** welches aus dem späten 15. Jahrhundert stammt. Im 17. Jahrhundert musste es zwar nach einem Brand wieder neu aufgebaut werden, aber dennoch ist es das mit Abstand älteste Haus am Platz. Heute finden im Gemeinschaftszentrum Konzerte, Workshops und Veranstaltungen für Kinder statt, bei schönem Wetter oft auch vor der Tür.

Schräg vor dem Gemeinschaftszentrum entdecken wir die **Gare ô Canard,** den Entenbahnhof. Das skurrile Kunstwerk stellt eine Gruppe von Enten dar, die in einem Bahnhofsumfeld agieren. Bei genauerem Hinsehen entdeckt man schnell, was das Eigentümliche an diesen Enten ist. Das Gemeinschaftszentrum und den Entenbahnhof lassen wir hinter uns, passieren das **Anderlecht Monument aux Morts,** das Denkmal für Kriegsopfer, das mittig auf dem Platz steht, und erreichen die Hauptverkehrsader Anderlechts. Nach links führt seit dem späten 19. Jahrhundert die

Rue Wayez hinunter nach Brüssel, was einen wichtigen Schritt in der Entwicklung Anderlechts ausmachte. Dieser Trend verstärkte sich noch weiter, als Anderlecht 1921 ein Teil der Region Brüssel-Hauptstadt wurde.

Wir wenden uns hier aber nach rechts, wo die Straße **Avenue Paul Janson** heißt, spazieren vorbei an der Metro und an der nächsten Ecke links können Käsefans sich freuen. Dort finden wir nämlich die 2 **Crèmerie Saint-Guidon,** einen urigen und nahezu historischen Käseladen. Wer ein wenig experimentierfreudig ist, sollte nach dem traditionellen Pottekeis fragen, meist wird er hier mit Radieschen auf Brot serviert.

Wenn wir auf der linken Seite der 3 **Avenue Paul Janson** weiterflanieren, finden wir uns schon bald im beliebten

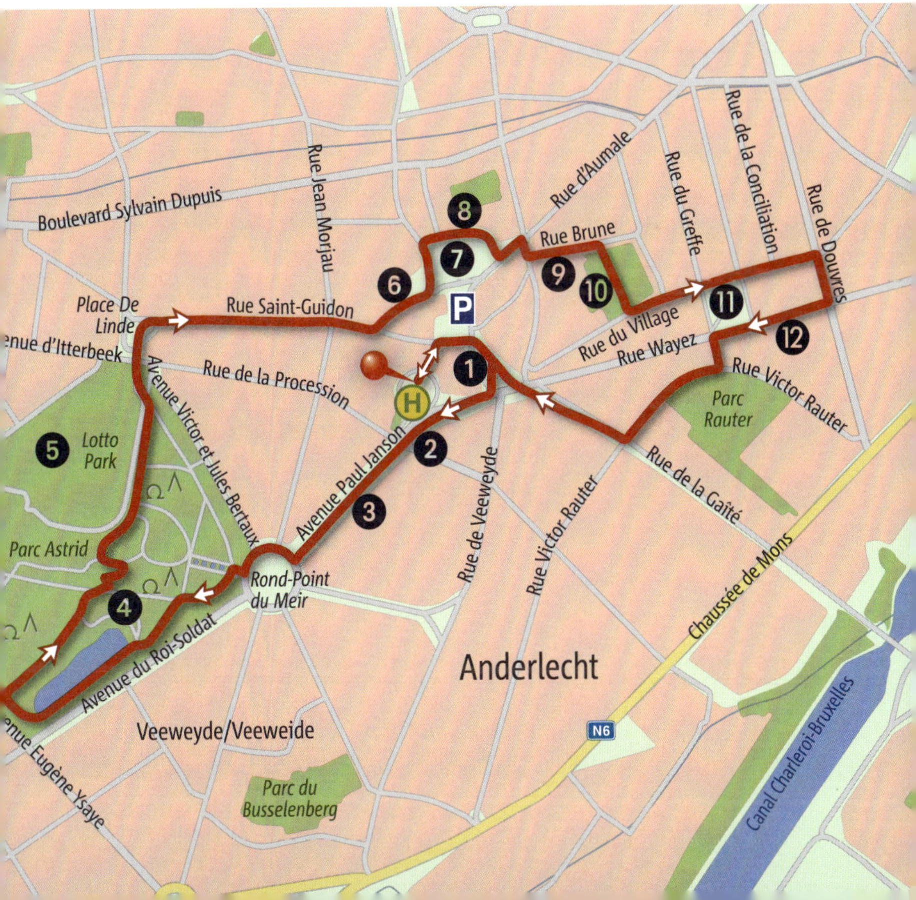

KULINARISCHES BELGIEN: SIEBEN TYPISCHE GERICHTE

Pottekeis: deftiger Brotaufstrich mit Frühlingszwiebeln und belgischem Bier
Moules Frites: Muscheln in Weißweinsauce,serviert mit Pommes Frites
Stoofvlees: Schmorgericht aus Rindfleisch, gekocht in Bier und Brühe
Carbonnade Flamande: Flämischer Rindfleischeintopf, geschmort in Bier und Zwiebeln
Waterzooi: Eintopfgericht mit Fisch oder Huhn
Stoemp: Kartoffelstampf, oft mit Bratwurst
Chicorée Gratin: Chicorée mit einer Käsesauce überbacken

Viertel **Meir** wieder. Mit der neuen Verbindung nach Brüssel über die Rue Wayez wuchs Anderlecht rasant. Die Avenue Paul Janson war schon zu Beginn des 20. Jahrhunderts ein wichtiger Teil der Erweiterung des Orts nach Westen und zeugt mit den charmanten Bürgerhäusern im Brüsseler Art-déco-Stil und dem Pariser Beaux-Arts-Stil vom Architekturtrend der 1920er-Jahre. Heute gilt Meir, und vor allem diese Straße, als eines der schönsten Art-déco-Bei-

Avenue Paul Janson

spiele in der Region Brüssel. Im Schatten der Bäume schlendern wir entlang der reich verzierten Fassaden und erreichen nach einer Weile den großen Kreisverkehr. Rechtsherum bummeln wir Richtung Park und grüßen kurz vor dem Eingang noch **Jules Ruhl** auf der rechten Seite, der mit der Gründung eines Vereins gegen Tierquälerei im Jahr 1908 ein echter Vorreiter dieser Thematik war.

Wir betreten den idyllischen 4 **Parc Astrid** und folgen dem Weg auf unserer linken Seite. Der Grundstein für den Park wurde bereits 1903 gelegt, jedoch wurde er im Zuge der Errichtung des Meir-Viertels durch den Landschaftsarchitekten Jules Buyssens bis in die 1920er-Jahre weiterentwickelt. Der Astridpark wurde nach romantischer Landschaftstradition gestaltet und vermittelt einen Eindruck von unberührter Natur, obwohl tatsächlich alles von Menschenhand geschaffen wurde. Der ursprüngliche Name Meirpark wurde 1935 in Gedenken an Königin Astrid von Belgien geändert, die 1935 bei einem Autounfall am Vierwaldstättersee tödlich verunglückte.

Astridpark

An der nächsten Kreuzung gehen wir geradeaus hinunter zum beschaulichen See. Auf der linken Seite des Gewässers sehen wir auch schon das Restaurant **Bohemian,** wo man in diesem besonderen Ambiente ganz hervorragend essen kann. Bei schönem Wetter spazieren wir links am See entlang, vorbei am Restaurant und einmal fast um den See herum. Wenn es rechts wieder zurück zu dem Punkt geht, an dem wir am See angekommen sind, gehen wir noch ein kleines Stück geradeaus weiter. Wenn das Wetter nicht so richtig mitspielt, können wir einfach direkt, wenn wir beim See ankommen, nach rechts abbiegen und an der nächsten Gabelung halten wir uns noch einmal rechts.

Fußballstadion

An dieser Stelle müssen wir gut aufpassen, um den Schleichweg mit dem Holzzaun zu finden, der den Hügel hinaufführt. Oben angekommen, liegt plötzlich inmitten dieser Idylle ein Fußballstadion vor uns. Der Astridpark ist nämlich nicht nur beliebt bei Spaziergängern und Joggern, sondern auch die Heimat des 1908 gegründeten 5 **Royal Sporting Club Anderlecht,** einem der erfolgreichsten Fußballvereine Belgiens. Der Beginn des 20. Jahrhunderts markierte für Anderlecht einen wirklich großen Wandel und so wundert es kaum, dass auch der weltberühmte Klub in dieser Zeit gegründet wurde. Für einen standesgemäßen Rahmen wurde während der Errichtung des Parks also zudem 1917 das Stadion für 28.000 Zuschauer errichtet, was es zum zweitältesten Stadion Belgiens macht. Nur das Stade du Pairay des RFC Seraing ist noch 11 Jahre älter.

Place De Linde

Bis wir die Kassenhäuschen passiert haben, gehen wir rechts am Stadion entlang, verlassen den Park und stehen auch schon auf der **Place De Linde.** Fußballfans sollten einen Abstecher ins Café **Le Penalty** erwägen, den Treffpunkt der Anderlechtfans an Spieltagen, der sich komplett dem Fußball verschrieben hat. Unser Weg führt uns mit dem Rücken zum Stadion geradeaus über die Place De Linde, bis wir nach rechts in die Rue Saint-Guidon abbiegen. Wir folgen der Straße eine Weile, passieren einen Discounter und die nachfolgende Kreuzung. Dann sollten wir achtsam sein, denn hier versteckt sich auf der linken Seite der Eingang zur mehr als malerischen 6 **Rue Porselein.**

Die winzige Gasse bezaubert mit ihren charmanten kleinen Häusern, dem Kopfsteinpflaster und fantastischen Fotomotiven mit der Kirche im Hintergrund. Allein wegen dieses Gässchens wird oft behauptet, Anderlecht sei das Gegenstück zum Pariser Künstlerviertel Montmartre. Eine gewagte Aussage, aber in der Rue Porselein kann man durchaus für einen kurzen Moment verstehen, wie es zu diesem Vergleich kommt. Die älteste Erwähnung dieser Straße benennt sie als „Straetken gaende van de Kercke naer de Hoogstraete", was übersetzt bedeutet: kleine Straße, die

Rue Porselein

12 ANDERLECHT SAINT-GUIDON

Saints-Pierre-et-Guidon

von der Kirche zur oberen Straße führt. In den 1930er-Jahren erwog die Stadtverwaltung eine Erweiterung. Glücklicherweise wurden diese Pläne jedoch schnell verworfen und die einzigartige Atmosphäre der malerischen Gasse als kulturelles Juwel erkannt. Kleine Kunstwerke wurden an den Hauswänden angebracht, um ihren Wert als Sehenswürdigkeit zu betonen. Die Herkunft ihres Namens bleibt ein Rätsel, da in dieser Gegend nie Porzellan hergestellt wurde. Einer Theorie zufolge soll dies auf eine falsche Übersetzung zurückzuführen sein. Es wird behauptet, dass die Portulakpflanze ursprünglich zum Straßennamen inspirierte, der dann irrtümlich zu Porselein wurde.

Wenn die Gasse wieder breiter wird, sind wir zurück im historischen Zentrum und biegen links ab zum Haupteingang der Stiftskirche 7 **Collégiale Saints-Pierre-et-Guidon.** Sie wurde vom 14. bis 16. Jahrhundert im Stil der Brabanter Gotik errichtet und nach Petrus (Pierre) und dem heiligen Guido (Guidon) benannt. Obwohl Anderlecht damals noch ein kleines Dorf war, wurde sie in dieser Größe gebaut, da sie für Versammlungen gedacht war.

Guido von Anderlecht war ein belgischer Heiliger, der im 10. oder 11. Jahrhundert lebte. Er führte ein einfaches und frommes Leben als Einsiedler und wurde wegen seines Engagements für die Armen und Bedürftigen bekannt. Nach seinem Tod wurden viele Wunder und Heilungen mit ihm in Verbindung gebracht. Er gilt als Schutzpatron von Anderlecht und wird als Schutzheiliger der Bauern, Landwirte und des Viehs verehrt. Sein Schrein in der Stiftskirche zieht jedes Jahr zahlreiche Pilger an, vor allem an seinem Festtag, dem 12. September. Wenn möglich, werfen wir einen Blick in die historische Kirche. Im Inneren erwarten uns einige originale Wandmalereien, Buntglasfenster, eine imposante Krypta und natürlich die Reliquien des heiligen Guido.

Als wir das Gotteshaus verlassen, erblicken wir genau auf der anderen Seite ein eisernes Tor. Falls es offensteht, geht es hier zur **Guinguette Gustaaf Guidon,** eine Art Kulturbiergarten, der hauptsächlich im Sommer geöffnet ist. Im Inneren erwartet uns zunächst rechts und links ein wenig Kunst an den Wänden. Hinter dem Durchgang erreichen wir den eigentlichen Biergarten, wo oft nachmittags Konzerte stattfinden oder DJs auflegen. Normalerweise sind diese Events kostenlos, es sei denn, es kommt überraschend ein Superstar daher.

Unseren Spaziergang setzen wir links an der Kirche entlang fort. Während wir nun die Kirche auf unserer rechten Seite haben, befindet sich links die 8 **Béguinage d'Anderlecht.** Eine Béguinage, oder auch Beginenhof, ist eine Art historische Wohnanlage, die im Mittelalter in den Niederlanden, Belgien und einigen Teilen Frankreichs entstand. Diese Anlagen wurden von Beginen bewohnt, frommen Frauen, vergleichbar mit Laienschwestern, die ein religiöses Leben ohne Ehemann führten, jedoch nicht in Klöster eintreten wollten oder konnten. Eine Béguinage

Beginenhof

enthielt in der Regel eine Kapelle, Wohnhäuser für die Beginen sowie Gärten und Gemeinschaftseinrichtungen. Der Beginenhof von Anderlecht, der in historischen Quellen bereits 1252 erwähnt wird, ist der kleinste seiner Art in Belgien und leider nur selten öffentlich zugänglich. Wenn wir aber Glück haben, schauen wir hinein. In der Regel ist bei freiem Eintritt an jedem ersten Sonntag im Monat geöffnet.

Erasmus-Haus

Sobald wir unseren Spaziergang fortsetzen, passieren wir die **Bibliothèque de l'Espace Carême** und folgen der Kurve nach rechts. Dann geht es links in die Rue d'Aumale und sofort wieder rechts in die Rue de Formanoir, wo wir nach wenigen Metern auf der linken Seite auch schon den Eingang zum Hof der 9 **Maison d'Érasme** sehen. Das zwischen 1450 und 1515 erbaute Erasmus-Haus gilt als eines der ältesten, noch erhaltenen Privathäuser in ganz Brüssel. Es verdankt seinen Namen und seine Berühmtheit dem Humanisten Erasmus von Rotterdam, der hier 1521 für 6 Monate lebte. Im Museum spiegeln Möbel, Gemälde und vor allem die Schreibstube die Zeit der intellektuellen Welt der Renaissance wider. Hinter dem Haus finden wir einen der schönsten Gärten weit und breit. Er besteht aus einem Teil mit Heilpflanzen und einem philosophischen Garten, der auf Basis eines Texts von Erasmus angelegt wurde.

Wir verlassen den Hof, wenden uns nach rechts und gehen an der Mauer der Maison d'Érasme entlang durch die schmale Gasse **Rue Brune.** Am Ende der Mauer biegen wir rechts ab in den hübschen 10 **Parc Central.** Im 19. Jahrhundert befand sich an dieser Stelle noch kein Park, sondern ein Wohnviertel für die Arbeiter der Kerzenfabrik

Manufacture Royal des Bougies de la Cour. 1835 gegründet, war sie die älteste Kerzenfabrik Belgiens und belieferte das belgische Königshaus mit den Wachslichtern. Für die Arbeiter gab es hier 13 Wohnhäuser mit Strohdächern, die jeweils vier Wohneinheiten hatten. Die Siedlung wurde jedoch in den 1950er-Jahren offiziell für unhygienisch erklärt und geräumt. Die Häuser wurden abgerissen und der heutige Park angelegt, um den Bewohnern von Anderlecht mehr Grünflächen bieten zu können.

Nachdem wir den Park durchquert haben, verlassen wir ihn auf der anderen Seite in der **Rue du Village** und spazieren nach links. Wir halten uns auf der rechten Straßenseite und achten auf den Boden vor den Häusern, wo wir wieder die bunten Mosaike entdecken, die wir bereits aus den Marolles kennen. Hunde, Katzen, Eulen, Kinder und Boote begegnen uns auch hier auf den Gehwegen.

Wir folgen der Rue du Village, bis wir den nächsten Platz auf unserer rechten Seite sehen. Hier widmen wir unsere Aufmerksamkeit zunächst dem Gerichtsgebäude im Stil der Neorenaissance aus dem 19. Jahrhundert auf der linken

Place de la Résistance

Grundschule

Seite. Das **Justice de Paix** ist das Friedensgericht, das für rechtliche Angelegenheiten in Anderlecht zuständig ist. In Belgien befassen sich Friedensgerichte mit der Schlichtung und Lösung von Zivilstreitigkeiten. Der lebendige Platz hieß ursprünglich Place Wayez, wurde jedoch 1945 in **11 Place de la Résistance** umbenannt, um an die zivilen und militärischen Helden des Zweiten Weltkriegs zu erinnern. Auf der rechten Seite des Platzes finden wir auch die **Friture René,** mittlerweile eine echte Institution in Anderlecht. 1932 eröffnete sie als Pommesbude, entwickelte sich aber im Laufe der Jahrzehnte zu einem rustikalen und ausgesprochen charmanten Restaurant, in dem authentisch belgische Speisen serviert werden.

Wir bleiben auf derselben Straße und gehen noch ein kleines Stück weiter bis zur nächsten Kreuzung. Dann biegen wir rechts ab und stehen wiederum an der nächsten Kreuzung auf der **12 Rue Wayez** mit Blick auf ein beeindruckend großes Gebäude. Die **Grundschule** im Stil der flämischen Neorenaissance wurde 1879 vom Architekten Jules-Jacques van Ysendijck errichtet, also kurz nach Fertigstellung der Rue Wayez. Mit Blick auf die Schule wenden wir uns nach rechts und spazieren über die Rue Wayez, die seit jeher eine belebte Einkaufsstraße ist, jedoch in jüngerer Zeit leider mit Leerstand und Renovierungsbedarf einiges an Glanz eingebüßt hat. Wenn wir auf der rechten Seite wieder die Place de la Résistance passiert haben, biegen wir links in die **Rue François Janssens** ab. Bei der Hausnummer 5 entdecken wir oben acht Wandbilder. Die weiblichen Allegorien im Belle-Époque-Stil stellen die vier Jahreszeiten sowie die vier Tageszeiten dar.

Rue François Janssens

An dieser Ecke biegen wir mit Blick auf den **Parc Rauter** rechts ab in die Rue Victor Rauter. Auf unserem Weg werden wir nun auf der linken Seite von weiteren Mosaiken begleitet, diesmal in größerer Form an der Parkmauer, bis wir auf das Café **Tour Rauter** stoßen, wo man im Sommer hervorragend eine Kaffeepause einlegen kann. Wir folgen der Straße und biegen bei der nächsten Möglichkeit rechts ab in die **Rue des Déportés Anderlechtois,** in der uns ganz verschiedene Architekturstile des frühen 20. Jahrhunderts erwarten. Gleich auf unserer rechten Seite sehen wir Art déco, bei Hausnummer 17 sticht Jugendstil hervor, wiederum gefolgt von Art déco.

Am Ende der Straße erreichen wir wieder die Place de la Vaillance. Wo die Geschichte Anderlechts begann, da endet unsere Runde durch die historische Gemeinde. Vom kleinen Dorf mit einer sehr großen Kirche für den heiligen Guido entwickelte sich Anderlecht mit dem harmonischen Meir-Viertel, dem Astridpark und dem Fußballstadion des RSC zu einer der berühmtesten Gemeinden der Region Brüssel-Hauptstadt. Wer den Spaziergang nun noch ein wenig erweitern möchte, kann über die Rue Wayez und durch das untere Anderlecht-Cureghem immer geradeaus etwa 4 Kilometer bis ins Zentrum von Brüssel gehen. Dort heißt die Straße dann **Rue d'Anderlecht.** Sehr passend.

Bibliografische Information der Deutschen Nationalbibliothek
Die Deutsche Nationalbibliothek verzeichnet diese Publikation in der Deutschen Nationalbibliografie; detaillierte bibliografische Daten sind im Internet über dnb.d-nb.de abrufbar.

Konzeption/Gestaltung/Satz: Droste Verlag, Düsseldorf
Einbandgestaltung und Illustrationen: Britta Rungwerth, Düsseldorf
Fotos: Meike Oppermann, außer: Eric Danhier/Visit Brussels: S. 17; Mini-Europe: S. 144; Jean-Paul Remy/Visit Brussels: S. 10 o./u., 15, 16, 24, 51, 55, 57, 79, 96, 99, 114 o./u., 119, 124, 125, 127, 129, 134 o., 148, 153, 159, 160 u., 164, 165, 167; Marcel Vanhulst: S. 110; Steve Vittorio/Stock.adobe.com: S. 27; Sophie Voituron/Visit Brussels: S. 115, 117
Textlektorat: Mo Kreutzberg, Düsseldorf
Karten: Thorsten David, Bochum
Druck und Bindung: LUC GmbH, Greven
ISBN 978-3-7700-2609-8
droste-verlag.de

Alle Angaben in diesem Buch wurden sorgfältig recherchiert und geprüft. Für die Richtigkeit der Angaben, für etwaige Unfälle und Schäden jeglicher Art kann keine Haftung übernommen werden; die Nutzung erfolgt auf eigenes Risiko. Abweichungen, die nach Redaktionsschluss erfolgten, konnten im Buch nicht mehr berücksichtigt werden. Hinweise und Änderungen nehmen wir gern entgegen.

FSC
www.fsc.org
MIX
Papier | Fördert gute Waldnutzung
FSC® C011279